普及版

あしたの死んでもいい片づけ

基本！

抜くだけ30分！
すっきり幸せ
簡単片づけ術

お片づけ大人気ブログ
『ごんおばちゃまの暮らし方』主宰
ごんおばちゃま

モノがないっていいですね。

はじめませんか。

簡単すっきり生活。

これならできますよ。

読んだ瞬間からあなたも
すぐ実行できます。

はじめに

あした、何があるか、なんて誰にもわかりません。
突然「もしも」「まさか」があったら……。
「どうしよう、どうしよう」と慌ててしまう。
でも大丈夫です。
部屋がすっきり片づいていたらそのような心配はいりません。

はじめまして。私、ごんおばちゃまと申します。関西在住で主婦をしています。家事をしている中でいつも、「これもっと簡単にならんかな?」とか、「こうやったら楽で楽しいやん……」と、手軽に楽しみながら家事をするということに情熱を燃やしています。

好きなことは誰に言われなくても、率先してできると思います。しかし家事は、好きでなくてもしなければならない大きな仕事です。ならばもっと楽しく……と考えて私なりに楽しみを加えつつ、考え方を楽に持っていくことで「好き」とか「やりたい」の仕事に変えてきました。

主婦業のかたわら「ごんおばちゃまの暮らし方」というブログで、楽しく簡単な片づけ方のカリキュラムを作って、読者の皆さんと「片づけ隊」として一緒に家の中を片づけてきました。これまで途方にくれていた時期もあり、自分が困ったことや苦労してきたことを、皆さんが簡単に楽しめるよう、自分だけでは片づけられないという方や、どうやって片づけたらいいかわからないという方に「こうやったら簡単ですよ」「楽ですよ」と、ノウハウをお伝えしてきました。

片づけって面倒くさくって、いやなこと。そんなふうに思っていませんか？

それが、どんどん片づいてくると不思議に、片づけることが楽しいことに変わってくるんですよ。だって、きれいになっていくと気持ちがいいでしょ。しかもそれが短時間で終わるから、持続しやすいんです。

この本では、片づけの方法について書きました。

「これならきっと私にもできる！」という具体的で実践的な方法です。

ここに書いてある通りにやるだけで、あなたの部屋はすっきりきれいになります。

実はこの本、私のデビュー作『すっきり！幸せ簡単片づけ術』をより詳しく役立つように加筆した『あした死んでもいい30分片づけ』をよりコンパクトに再編集いたしました。

まさにごんおばちゃま流片づけの「基本書」になります。

今回『普及版あした死んでもいい片づけ基本！』としてみなさまにお届けすることになったこと嬉しく思います。

目次

第1章

「やろう」と決めたその瞬間から始まる幸せの物語

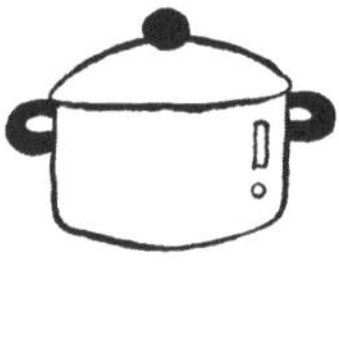

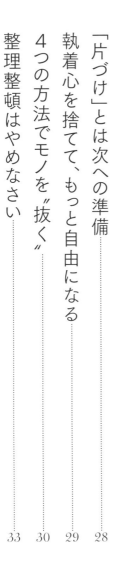

第2章

あした死んでもいい片づけ基本！「30分片づけ」カリキュラム

特別編　それぞれの30分片づけ……157

第3章

本書の読み方

毎日30分だけ
それだけで変わる

この本で日々やっていただくのは、毎日たった30分だけの片づけです。30分の時間をしっかり使って、モノとさよならしていきます。たった30分ですが、これほどまでに変わるなんて……と驚きます。「捨てたい」と頭で考えていても、「捨てられない現実」に困り果て、立ちすくんでいるあなた。シンプルに暮らしたい、モノを捨てたい、とにかく家中をなんとかしたい……。そういう方にこそ試していただきたいと思います。

あなたは何もしたくないのではなく、努力はしているのに片づかない、片づけ方がわからないのではないでしょうか?

本当はあなたも、すっきりとしたきれいな家に住みたいし、自分のおうちにお友達を招待したいですよね。

そしていつか、沢山のモノに苦しまない自分になりたいですよね。

大丈夫、そんな自分になれますよ。

これから私と一緒に、家の中を片づけていきましょう。

あした死んでもいい
片づけ
基本!

第1章

「やろう」と決めたその瞬間から始まる幸せの物語

PART 1

「片づけ」とは次への準備

自分がより暮らしやすく、日々を楽しくするための工夫が「片づけ」です。一度だけ一気に片づけても、またすぐに散らかってしまう経験、あなたにもありませんか？　一度きれいにしたら、その状態を維持していくこと、これが片づけなんです。

片づけとは、次に使うための準備なのです。ただきれいに見えるようにすることだけが片づけではないのです。一見きれいに見える収納がただモノを詰め込んでいるだけであったら、すぐにぐちゃぐちゃになるのは当たり前のことです。収納とは本来、しまう場所を決め、いつも同じところから出し、またしまう、これを繰り返していくことです。

執着心を捨てて、もっと自由になる

私たちは本来、使いたいものだけ、大事なものだけを持ち、いらないものを捨てていかなければなりません。そうしなければ、家の中はモノであふれ続けるのです。

こんなに沢山のモノはいらない、もっとシンプルでいい、少しのモノでとびきり贅沢に暮らしたい。例えば洋服なら、「アレが着たい」と思ったとき、すぐに取り出すことができます。少ない洋服なら、管理もしやすくなってきますしね。一旦持ってしまったモノの中から不要なモノを減らし、モノに押しつぶされないように、モノへの執着心を捨て、もっと自由に生きましょう。

モノと向き合いながら片づける。

そうは言っても、なんでもかんでも捨てるわけではありませんよ。自分の歩んできた人生の中で、これは残しておきたいというモノもあるでしょう。モノは使うことが大切なのです。使ってこそ活きます。それには、本当に自分に必要なものを見極めなければなりません。あなたがここにいる意味と同じように、モノにも存在する意味があるように思います。

4つの方法でモノを〝抜く〟

モノを〝抜く〟には、4つの方法があります。

1．知人に譲る

2．売る

3．災害、貧困などで困っている方への支援物資にする（この場合、支援する団体の規約に沿って行う）

売る
1000
譲る
えほん
支援物資
捨てる

4. 捨てる

いずれにしてもこれらの行為は、家の中からモノが出ていくことにつながります。しかし実際はどういう形であれ、すぐに行動に移さなければ、結局そのままになってしまいます。

要するに、決めたらすぐに動くこと、これが大事です。

「いつかしよう」「あしたしよう」と思っていても、あしたはなかなか来なくて、結局は部屋の片隅に放置され、押入れに押し込められてしまいます。そのまま放置していては、片づけたことにはなりません。それでは、状況は何ら変わらないのです。今までそんなふうに後回しにしてきたこと、なかったですか？

やるならすぐに実行してしまいましょう。次の行動に移さないうちは、気持ちだけでまだなんにも変わりません。着実に実行すること。夢は見るだけでは夢に終わります。叶えるためには、夢に向かって行動することです。さあ、ファイトだぞ！

整理整頓はやめなさい

ではどうやって片づけたらいいか、という段階になりますが、私がいろいろ試してきた中で、「これだ！」と一筋の光を見つけたのが、今からあなたにお話しすることです。

今まで、片づけても片づけてもきれいにならなかった。なぜだろうか？　気分にムラがあるから？　片づけ下手？　いやいや、収納場所が少ないから？　時間がないから？　とまぁ、いろいろな理由が考えられますよね。しかし、待て待て……。

いつもやってるその片づけは、本当に自分に合っているのでしょうか？

「どんなに片づけても、いまいちすっきりしないのよ」「頑張っているのだけれど、すぐに散らかるからいやになってしまうの」

それはきっと、抜くことをせずに、ただしまい込んでいるだけだからなのです。残念ながらそれは、その場がきれいに見えているだけで、本当の意味で片づけていることにはなりません。片づけとは、いらないものを処分し、いるものを取り出しやすくしまうことです。私の片づけは簡単明瞭です。それは、いらないものを抜いていくだけなのです。

整理整頓はしなくてもいいんですよ。

〝抜く〟とは何か

いらないものを「抜く」ということは、そこからモノをなくすことになります。抜いて他の収納場所にしまうことではなく、抜いて、家の中から外へ出すことを意味します。

「本当にそんなことだけで片づくの？」。疑わしいですよね。これが実際にやっ

そうだったのか

てみると、実にシンプルでわかりやすく、長続きするから不思議です。

タンスからいらない服を抜き、キッチンからいらないお鍋を抜き、食器棚からいらない食器を抜く。この作業をどんどん進めていけば、収納場所にも余裕が生まれ、床にほったらかしてあったモノはうまく収納場所に収まるようになります。実際ぎゅうぎゅう詰めの電車には乗れませんよね。モノも一緒です。早く誰か降りてくださ〜い。

いらないモノを抜いていく、このシンプルだけど確実にモノを減らしていく作業だけで、家の中は劇的に変わります。

やがて訪れる幸せの物語

毎日30分、いらないモノを抜く作業をしていきます。するとどういうことが起こってくるのか？

ご自身で体験してもらうことが一番ですが、私の経験を少しお話ししておきます。当たり前のことなのですが、30分毎日作業をすると、だんだん抜くモノがなくなってきます。収納庫はモノとモノの間隔も広くなっていき、カラの棚も出てきます。抜いたモノを見れば「いるもの」と「いらないもの」がわかってきて、不用なものを買わなくなります。

「必要がないから買わない」ということが判断できるようになるのです。不用品を買わないということは、とりもなおさず不用品を家に持ち込まないということで、事前に遮断できるのは理想的なことです。

モノを見極めて家の中に入れる。家にあるものは大切に使う。やがて訪れてくるのは、清々しいおうちです。

今までお友達も呼べなかった方、家に帰るのがいやだった方、これからはもう大丈夫です。いつ誰が来ても、モノがきちっと収まり、部屋の中には必要なモノしかない。そんな状態になっています。

抜く

今までどんなに頑張ってもできなかったことが、たった30分でできるなんて！　夢のような本当のお話なのです。

これはあなたが「やろう」と決めた瞬間から始まる幸せの物語です。

1日1項目を30分だけやる

それには1日1項目、しっかり30分やってください。でも、やりきれなくても大丈夫。はじめは、30分では到底片づきません。モノであふれた家は、一見片づいていないように思えますが、そんなことないんですよ。

それはゴミ袋を見ればわかります。ゴミ袋の中は捨てるものでいっぱい。確実に減っていきます。そのとき抜けなかったものも回を重ねていけば、自然と抜けるようになります。

そうなってくる不思議な体験を、これからしていただきましょう。美しい暮らしを目標に、これから毎日続けていってください。

片づけを行うのは毎週月曜日から金曜日まで、土日はお休みの週休2日制です。お仕事をされている方も、学生さんも、専業主婦の方も同じです。週末はきれいなおうちでゆっくりなさってください。これからあなたの目指すおうちになるよう頑張っていきましょう。

片づけ前にお約束

さあ、作業開始です！

いよいよ30分作業を開始します。

この作業は、できれば月曜日から始められることをお勧めします。月初めの月曜日からでなくてもいい、月の真ん中の月曜日からでもかまいません。とにかく月曜日から始めると、1週間同じところをしてしまう、ということがなくなります。
それでは簡単なお約束です。

1. やるのは30分以内
2. 必ずキッチンタイマーをかけてやること
（携帯アラームより使い勝手がいいです）
3. 用事ができたり、体調がよくなければその分は土日にまわす
（2日分まとめて翌日に行ったりしないで）
4. カリキュラムに書いてあることだけをしてください
5. はじめの段階ではひたすら抜き作業だけをします
6. 自己流で整理整頓しながらきれいにしていかないこと
7. ゴミ袋を用意しておく
（売るとか譲るとか行き先別にゴミ袋を分けておく）

月
火
水
木
金
土
日
30分

細切れ時間30分でOK

1日30分。小さい子どもさんがいたり、まとまった時間が取れないとき、細切れで、10分、プラス10分、プラス10分の合計30分でもかまいません。とにかく、するのは30分。30分という時間を使ってひとつひとつのモノと対峙していきます。それ以上すると疲れますのでしないでください。必須条件です。続けなければ片づきません。

どんなにきれいに片づけても、モデルハウスのようにはずっと維持することはできません。生活していくうえで常にモノは流動的です。人が住まうということは、そういうことなのです。

片づけはこれでおしまいということはないのです。

ここでのカリキュラムを身につけて、いつもきれいな状態を持続できるようにしましょう。
それではスタートです！

抜く
GO!!!
売る
ゆずる
ごんおばちゃま号

第2章

あした死んでもいい片づけ基本!「30分片づけ」カリキュラム

PART 2

1日目 玄関・1回目

家の顔、第一印象はここで決まる

タイマーと分別ゴミ袋を必ず作業前に用意してくださいね。
まずは家の顔、玄関です。お客様にとっては、ここでの印象が第一印象になります。心していきましょう。

玄関のたたきから始めましょう

ここに不用なモノはないですか？

・傘立てに入ったままになっている使わない傘

・置きっぱなしになっているサンダル
・植木鉢や置物
など、使っていないモノはありませんか？　あればどんどん抜いていってください。抜きながら分別袋に入れていきましょう。

次は下駄箱

下駄箱の中で、履かなくなった靴はありませんか？
・履きづらくてもいつか履こうと思っている靴
・雨の日になったら履こうと思っている靴
（しかしいざ雨の日になっても履いていない靴）
・子どもの靴で小さい靴、大きすぎてまだ履けない靴
それらはみな抜いてください。

「この靴、高かったからもったいないな」と迷っている靴は、下駄箱から抜いて、箱に入れて洋服と一緒に保管しましょう。近い将来履く予定のある靴も同様です。

とにかく下駄箱の中には、今履く靴のみを入れます。いらないモノを抜き、抜いたモノは全て分別できましたか？　それから今日は、下駄箱の中の掃除はしなくていいですよ。いらないモノを抜くだけです。

下駄箱の上に置くモノは、ペンや印鑑など必要なモノだけにしてください。後は、ご自分の心を満たしてくれるもの（置物や植物など）を置き、それ以外はあるべきところに戻し、不用品は捨てましょう。くれぐれも、延長はしないこと。30分以内です。

タイマーがなったら終了。必ず終わってくださいよ〜。

さて、30分で終えてみてどうですか？

もうちょっとやりたいと思った方。やりたいと思ってもらえてよかったです。ですがあしたのために余力を残して、今日はおいしい夕ご飯作りに精を出してくださいね。

疲れたと感じた方。抜いたモノの数を正の字で書いてみてください。これが案外やる気にさせます。
※天井まである大きな下駄箱（シューズクロゼット）。1年分の靴をしまえる場合は、今の季節分を取り出しやすい位置へ置きます。

おばちゃまメモ

冠婚葬祭用の靴は毎日は履かない靴なので、箱に入れてお洋服のクロゼットにしまっています。礼服を出すときに一緒に出せて便利です。季節外れの靴も、お手入れをしてから箱に入れ、クロゼットにしまっています。

感想

今回初めて下駄箱の抜き作業をやりました。抜きたくても迷いがあって抜けなかった靴もあったでしょう。一気に抜けなくてもかまいません。今日は自分の気持ちに踏ん切りがついた靴だけ抜けたらいいんです。これから回を重ねるごとに変化していきます。楽しみにしていてください。くれぐれもカリキュラムは1日一つ。必ずタイマーをかけ、30分以内にしてください。まだ力が残っているからと、2つ3つとやっていては、次に進めなくなります。余力を残して終わると、次の日が楽ですよ。今日のあなたはここまで頑張れました。お疲れさん〜。

2日目

リビング・1回目

公共の場所だからこそきれいに

本日はリビング。リビングにはテレビ台、本箱、電話台、ソファーなどの家具を置いていませんか。リビングはみんなの集う場所、いわゆる公共の場と私は呼んでいます。公共の場だからこそ、きれいに保ちたいものですね。

それでは、始めていきましょう。まずはテレビ台の引き出し（収納棚など）の中身に対して、一段ずつ不用品を抜く作業を行っていきます。引き出しはいっぺんに出しません。一段終わったら次の引き出しへと、順番にやっていきます。収納クロゼットは次回やりますので、今回はしませんよ。

引き出しの中には、何が入っていますか？

・使用していないホッチキスなどの文房具
・インクのないボールペンやマジック
・ポケットティッシュ
・学校のプリント
・期限の切れた取扱説明書

などが入っていませんか？　その中から使わないモノを抜き、分別袋に入れていきましょう。

使えるモノであったとしても、現在使っていませんよね？　今後使うようならば、残しておき、そして使ってください。今後使わないようでしたら、抜きの対象になります。

続いて二段目、三段目も、同じようにいらないモノを抜き、処分のゴミ袋に入れていってください。引き出しが終わったら、台の上をチェック。まだモノが載っていませんか？

・新聞広告や古い雑誌
・ＣＤやＤＶＤ

なども不用品であれば処分。わからなければ持ち主に確認します。ＣＤやＤＶＤ、古い雑誌などはお宝価値のあるものもありますので、余裕があればオークションや中古ショップに売るのもよいですよ。

こうして不用品は次から次へと抜きの袋に入れてきましたが、ここで要注意！　作業中に例えば「あっ、このピアス、片方ここにあったんやね」などと意外なモノが見つかっても、喜んでアクセサリー箱に移動させてはいけません。この段階ではまだ整理整頓はせず、そのままにしておきます。後日整理整頓をまとめて行う日がありますのでご安心ください。今はただ不用品を抜くだけです（抜くだけの作業に徹してくださいね。移動はナシよ）。

・使っていない
・壊れている
・期限が切れている
・使えるけど使わない
・使えるけど使う気がしない

これらを抜いていきます。今回はパッパッと、抜きやすいモノを抜いていきましょう。

引き出しの中に意外なモノが入っていませんでしたか？
・探していたペットの血統証明書
・クレジットカードやクレジット明細
なんでここに？ というものが入っていたりして、驚きますよね。
考えてみてください。こんなにいろいろ詰まっていたなんて、この引き出しはモノを入れっぱなしにしていて、活用していなかったんですね。もったいないですね。近い将来抜きが終わった暁には、必ず引き出しも有効活用できるようにしましょうね。

そろそろ時間ではないでしょうか？
今日はどこで30分のベルがなりましたか。
途中でもかまいません。タイマーがなったら終了。整理整頓していたら、こうはいきません。だらだらとやり続けず、終わったらすぐにやめ、お茶でも飲んで一息ついてくださいな。

ゴミ袋に入っている抜いたモノを見たらうれしくなるでしょ。きれいになっていきますものね。

これからもっとですよ。

おばちゃまメモ

こうして抜き作業をしていくと、今までの自分の暮らしぶりが再確認できます。過去のあなたを確認することはとても大事なことです。これからしっかりと、モノとも自分とも対峙して自分の望む暮らしへとシフトチェンジしていきましょうね。

感想

2日目はいかがでしたか。昨日は玄関と下駄箱の狭い範囲だったのですが、今日はリビングという人が集う広いスペースでした。人の出入りが多ければ多いほど、モノの移動もどんどん発生します。引き出しなどは、モノを入れたままで案外盲点になっています。不用品を入れっぱなしにして、よく使うモノはしまえず、結局引き出しは使用していない、なんてことも。それで、モノが入らないと嘆いていたのではありませんか？　こんな大事なことを、わずか30分の間に見つけることができました。本当にいるモノを大切にして、いらないモノはきれいさっぱり抜いて処分していきましょう。

3日目

キッチン、食器棚

使っていないモノが意外とある

本日はキッチン、食器棚の抜き作業です。今回はダンボールの箱がいいかもしれませんね。袋だと重くて、それに袋の中で割れてしまったら危険です。食器がもともと少ないという方は、二重にしたスーパーの袋や紙袋でもいいかもしれません。袋か箱とタイマーを用意して進めていきましょう。

まず対象になるのは

・欠けたお茶碗、お皿
・食卓に1年以内に並ばなかったお皿、鉢、丼
・気に入っていない食器
・使いにくい食器
・場所を取っている食器
・沢山ありすぎる食器
（例えば2人家族なのに多すぎるマグカップ）

沢山食器があっても、実際使っているのはわずかかもしれません。一度リストアップしてチェックしてみてください。そして使っていないものは抜きましょう。

お正月しか使わないお皿などは重箱と一緒にしまっておかれたら

どうでしょう。季節限定品はまとめて一つの箱の中に入れておくと便利です（食器棚に置かない）。

とにかく食器棚は何種類ものお皿を重ねずに、大皿、小皿、柄別など1種類ずつ置くようにするとストレスがないです。上のモノをどけて下のモノを取るというのは面倒なこと。片手しか使えないときを想像してみてください。片方の手でお皿を1枚1枚どけ、使うお皿を取ったらどけたお皿をまた元に戻す……面倒ですよね。種類ごとにまとまっていれば、ワンアクションですみます。ずいぶん違いますね。片づけは本当に大切です。食器が少ないと取り出しやすくてしまいやすくなります。少しの意識で本当に楽になりますよ。今までいると思っていた豆皿も使っていないことがわかると抜けますものね。

続いて引き出しの中

・プリンのスプーン
・お弁当についてきた割り箸
・ファーストフード店のストロー
・紙ナプキン

など、ずいぶん前から使わず引き出しに入ったままになっていませんか？　使っていないなら抜いていきましょう。

食器棚の下も要チェック！

・使っていないお鍋
・箱に入った引き出物

いただきものだから処分しづらいけど、気に入っていない……なんとも踏ん切りがつかないですね。使っていないけどまだ決断ができない。抜けるのであれば抜きますが、抜けないならそんなにスパッと決断しなくても今は大丈夫。

すぐにできなくて当たり前だと思います。今回抜けなくても次回抜けるかもしれない。楽しみですね。やり続けていると、「前回いると思ったけどもういらないわ」とあっさり踏ん切りがつくようになってきます。

毎日の積み重ねです。ですから今日できることを精一杯やりましょうね。

さあ、今日はこのへんで終わります。

おばちゃまメモ

いただきものを処分するのは心苦しいもの。例えば、こんなふうに考えてみて。結婚式の引き出物は、同じものが出席者全員に儀礼的に配られています。好みが違うのは仕方ありません。処分したからお付き合いがなくなるわけではありません。贈り物は気持ちを伝える手段。伝われば品物の役目は終わる、と考えるとずいぶん楽になります。

感想

今日出たゴミ袋は目につかないところに保管して、ゴミ収集日に出してください。ゴミ袋の中をのぞいてまた棚に戻してはいけませんよ。売りたいモノはさっさと売りましょう。売れるかどうかはわかりませんし、思っていたほど高く売れないかもしれませんが（店によっても値段が違います）、世間の相場を知ることもいい経験になります。悲しいことに、「思っていた額より安かった」とか、「引き取ってもらえなかった」ということをしばしば耳にします。そうやっていろんなことを知ることで、自分が今まで大切にしまっていたモノの値打ちもわかってきます。

4日目……クロゼット・1回目

吊っている洋服から片づけよう

本日からいよいよ洋服に突入します。大好きな洋服を抜くのは、身を切られるようでつらいですね。しかし抜かなければ、いっぱいになったクロゼットから、今日着る服を選ぶのも迷ってしまって大変ですよね。

抜く服は「捨てる」「売る」「譲る」「支援物資」とそれぞれに分けた袋や箱に入れていきます。ここは難関中の難関です。頑張りましょう！

まずはクローゼットの中、ハンガーに吊ってある洋服から始めます。押入れや洋服ダンスを使用して服を吊るしている方もここから始めます。ポリプロピレンケース（ＰＰケース）などの引き出しは次の段階で。今回は吊っている洋服の中から着ないものを抜いていくだけの作業です。

作業を始める前に写真を撮っておいてください。クロゼットほど写真の効果が顕著に出るところはありません。

それではスタート！

(1)クロゼットを全開
(2)去年着なかったコート、洋服を抜く
(3)クリーニングのビニールをつけたままならそれを取る

⑷他に、外にほったらかしにしている洋服も処分

クロゼットに洋服が沢山あるのに、着たい服がないとお嘆きのあなた。どうしてそうなったんでしょう？

流行に流されたり、好みが変わってしまったり、バーゲンだったからろくな試着もせずに買ってしまったり……。そんな中から着たい服を探すのは一苦労ですよね。

着たいと思わない洋服を沢山持っていても仕方ないです。それなのに抜くことはできないですか？　持っていないと不安ですか？

この際、もう絶対着ないだろうという服は抜いていってください。着るかもしれないと思った服を着て、鏡の前に立ってみてください。自分がきれいに見えますか？「品がない」。そう思ったのなら、抜いてください。あなたの品を落とすような服は抜きましょう。

こんなふうに確認していくと、抜くべき服がはっきりわかるようになりますよ。

また、くれぐれもご家族のところには手をつけないようにしてください。つい自分のモノが減っていくと人のモノが気になってきますが、我慢我慢。喧嘩の原因になります。あなたが楽しそうにどんどんきれいにしているのを見れば、ご家族は自然にご自分のモノを処分するようになります。そのときを待ちましょう。口に出して言うと、相手も意固地になって片づけようとしませんよ。自分に置きかえてみたらよくわかりますよね。

夢中になりすぎてしまうクロゼットにも制限時間があります。片づけるのは30分、しっかり守ってください。

おばちゃまメモ

クリーニングのビニールは必ず取るようにしてください。湿気でシミができることもあるそうです。自分に似合うかどうかも大事ですが、長らく着ていない服を着てみたら案外ダサかったということもあります。残している服にそういう服はなかったかな？　見直すことが大事です。

感想

女性が一番処分に悩むのが洋服。きっと今日は迷われて時間も不足気味だったでしょう。でも、今日全部できなかったからといって、がっかりせんといてね。迷うものはそのまま置いておいてください。沢山の洋服を30分ではどうにもできないもの。何度か作業をしていくうちに迷いが吹っ切れますよ。回を追うごとに判断がしっかりできてくるようになります。目標は自分の着たい衣服だけが入っているクロゼットですよね？　穴の空いた服やシミのある服は、いくら好きな服であっても、あなたの品格を落とします。そういった服は、次回必ず抜きましょう。

5日目……押入れ・1回目

布団、電化製品……とにかく大きなモノを処分！

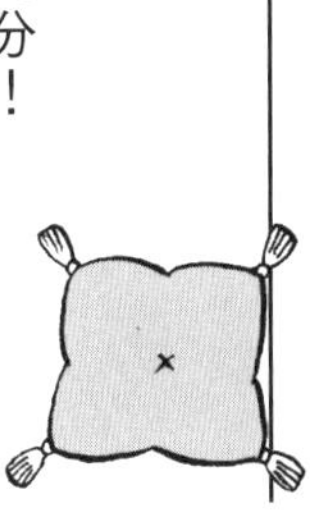

最近は、押入れが全くないおうちもあるようです。

ベッド生活が主流で、押入れは不用なのでしょうか？　押入れとは、本来布団を入れるところなので、衣類や文具など寝具以外のモノを入れると、上がいっぱい空いたり、奥行きが深すぎて取り出しにくかったりします。あなたのお宅の押入れには何が入っていますか？

お宅に押入れがない場合は収納クロゼットをなさってください。

押入れや収納クロゼットを上手に活用すれば、想像以上に暮らしが楽になります。

それではここで、今日の作業のお約束をお話しします。

次のモノには手をつけないで、そのままにしておいてください。

・衣類
・紙類
・思い出の品物
・写真、アルバム

これらの抜き作業、今日はしません。これらはまたの機会にいたしますね。とくに思い出の品物とアルバムは、30分でどうにかしろというのは土台無理です。後日、抜きが終わってから時間をかけて片づけていきます。今日はそんな時間のかかるものはパスします。

それでは、約束を守っていただきながら、抜き作業をしていきます。まずはこれらを抜いていきます。

・使っていないモノ
・今後も使う予定のないモノ、使おうと思わないモノ
・もう使えないモノ（壊れたモノ、大人になった子どものモノ）
・使いにくくて手が出せないモノ（億劫なモノ）

それぞれ何かと言い訳しながら使わないモノは、この際抜いてしまいましょう。ポイントは、決して押入れの中身全部をいっぺんに出さないこと。とにかく今の状態のまま、不用品の抜き作業だけをしていきます。いらないモノをただ抜くだけですよ。そしてできればすぐにゴミに出してください。無理な場合は家のどこか目につかないところにゴミ出しの日まで保管しておいてください。

押入れや収納クロゼットの抜き作業の前後でダイナミックに変わるのは、大きなモノがなくなることです。←ここ、ポイントです。

例えば、

・使わなくなったストーブや扇風機、ホットカーペットなどの家電類

・シミのついたじゅうたん、長く使っていないじゅうたん

・壊れたミシン

・使っていないテーブルや物置台などの家具類

・嫁入り道具の座布団

・無駄な毛布や布団、シーツ類

大きなモノがなくなれば、必然的にそこには大きなスペースがポッカリ空くわけですが、すっきりしたから何かを入れたいとすぐ

に考えたくなりませんか？

「やったー、空いたからあれ入れよう」って。

でもまだです。今は抜き作業だけに専念してください。ここで他の場所からモノを持ってきて入れると今までの片づけと同じになってしまいます。

今回はこの本にそって、私と一緒に挑戦していただいています。だからまだだめですよ〜。隙間ができることでここからもっとモノのないすっきり感をあなたにも味わっていただきたいと思います。

抜き作業は単純に抜いていくだけの作業です。

整理整頓は我慢してください。よろしいですか。

おばちゃまメモ

不用品をどんどん抜いていくと、空気がすっきりしてきます。今まであった不用品が取り除かれることによって、空気が浄化されます。気持ちがすっきりするのはそのせいです。いらないモノ、使っていないモノは抜いていきましょう。抜きが進んでいくとさらに清々しいおうちになります。

感想

これで大体1週間経ちました。いかがでしたか？　楽しめましたか？　楽しんだ後、土日は休みます。毎日毎日片づけばかりしていたらいやになります。好きなことは毎日やれますが、それでもたまには休憩しないと飽きますよね。休息日を設けることは大切です。土日はリフレッシュしてください。頑張る日と頑張らなくていい日を設けることで、メリハリができてファイトが湧いてきます。とにかく抜きを止めないように楽しんでまいりましょう。アルバムなど思い入れがあるモノはまだまだ先です。じっくり時間をかけて残すモノと抜くモノとに振り分けていきます。

6日目

洗面所、洗濯機まわり

清潔で、衛生的な場所にするために

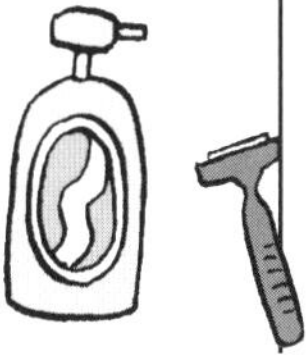

今日はまず、洗面台の引き出しを全部抜き、中身の点検をします。

引き出しの中には、何が入っていますか？

・使いかけでもう使っていない化粧品やシャンプー
・サンプルやホテルのアメニティーグッズ
・さびたピン、髪留め、ゴム
・男性用剃刀（使っていない）
・色が似合わず使っていない口紅やマニキュア

・買ったけど気に入らない洗剤や石鹸
・いつか使おうと思っているモノ
・新しいからと捨てられずに取っておいたモノ
この際使っていないモノがあれば、惜しみなく抜いていきましょう。さて、どうですか？　今残っているモノを見てみてください。そしてもう一度、いるモノといらないモノを区別してみます。

またこのとき、引き出しを湿った雑巾で中も外も拭きましょう。きれいに拭いたらちゃんと洗面台にセットし、取り出していたモノの定位置を決めてきちっと入れていきます。
今回は初めて整理整頓までやっています。モノを取り出しやすいように考えて、入れていってくださいね。どこに入れたら使いやすいかイメージしながら整理していきます。
簡単な掃除もしてみましょう。洗面シンクを洗剤（重曹とか）できれいに洗ってください。
鏡の裏に収納場所があれば、そこも整理して拭いていきます。もちろん、鏡もきれいにね。

洗面台まわりからさらに進んで、洗濯機も拭いていきましょう。ふたの上も内側も拭いていきますよ。ついでにホースのホコリも拭きます。

どうですか？　気持ちよくなったでしょ。さらに窓の桟も拭きます。洗剤の箱やボトルもみんな拭きますよ。置いておくとすぐホコリがつきますからね。

窓にカーテンを吊っている方、そのカーテン使っていますか？閉めたまんま？　開けたまんま？　開けたまんまなら、そのカーテンっているの？　そんなのホコリがたまるだけ。閉めたまんまなら一度洗ってください。ホコリも取れてすっきり。さあ洗面台も洗濯機まわりもきれいになりました。後は掃除機で細かいところのホコリを吸い取って完了です。

あしたからここは毎日5分でお掃除できるようになりますよ。シンクを洗って鏡と台を拭いても2～5分です。清潔な洗面台で気持ちよく暮らしましょう。洗面所は鏡に自分を映すところですから、誰でもきれいなほうがいいに違いありませんものね。

おばちゃまメモ

　シンク掃除に使う洗剤は、重曹でも食器用洗剤でもお風呂用洗剤でもかまいません。おばちゃまは食器用洗剤とマイクロファイバークロスで掃除しています。浴槽は洗剤なしでマイクロファイバークロスだけで洗っています。よく落ちるし清潔ですよ。掃除用品もしっかり厳選して持ちましょう。

感想

　今日は片づけだけでなく、整理整頓、掃除にまで進みました。どうしてそこまでしたかと言いますと、石鹸、歯ブラシなどの日用品はここでしか使わないモノなので、ここだけで完了するからです。さらに片づけてみると、実はモノが少ない場所だということがわかりませんでしたか。しかし30分で終わらなかった方、ここは再度行ってください。洗面所はとくに清潔にしたいところですからね。30分以内でやってみてくださいね。1日30分でできるところまでやる、その繰り返しです。そろそろ慣れてきた？　頑張りすぎず、しかしきっちりやっていきましょうね。今日もお疲れさ～ん。

7日目 玄関・2回目

玄関は家の顔で毎日必ず使う場所

下駄箱から始まって、リビング、クロゼット、キッチン、洗濯機まわり、洗面所、そして押入れ。一巡しましたがどうでしたか？いくらかは抜いてすっきりされましたか？

実のところそんなに変わらないというのではないかしら？　そうですね。それはまだまだ抜きが足りないからです。今までため込んだモノをそんなに急に、きれいさっぱり抜くことはできませんよね。それが普通だと思います。

本気ですっきり暮らしたいなら、もっともっと使っていないモノは抜いてください。中途半端ではすっきりしません。

さてそれでは今日はもう一度下駄箱をのぞいてみましょう。もう抜く靴はありませんか？　ごちゃごちゃしていませんか？　タイマーをセットしてスタートしてみます。

まず下駄箱に靴以外のモノが入っていないかチェック。例えば、お外でたまーに使うレジャーシートとか、子どもの簡単なオモチャ（シャボン玉の液なんか）が入っていませんか？　しかしそういった類のモノはここには入れません。下駄箱に入れるのは靴のみです。靴磨き用品（する人だけ。しない人は抜いてください）なども、使うモノだけ残し、使わないモノやもう使えないモノは抜きましょう。

もう抜くモノがなければ、下駄箱の中に入っているモノを全部出します。下駄箱の上もね。中も上も空っぽにします。それで固く絞った雑巾で上から一段ずつ棚を拭いてください。扉も同じく拭いていきます。

少し自然乾燥させたほうがいいですが、時間のない場合は乾いた雑巾で水気を取ってください。自然乾燥している間は、タイマーを一旦止めてお茶でもいかがですか？　乾きましたらタイマーを再スタートさせてください。扇風機で風を送ると乾きがはやいですよ。

掃除がすんだら

きれいになった下駄箱に靴を戻していきます。今度は靴を使う人の身になってひとつひとつ並べていってください。

靴がホコリっぽいならホコリを払ってから入れてください。できるだけ靴は少ないほうがきれいに保てます。

靴がぎゅうぎゅうに詰まっていたら、取り出すときも入れるときもすぐにぐちゃぐちゃになります。今履く靴だけが入っていたら、こんなことにはなりませんよね。

冬ならブーツやあたたかい靴。夏ならミュールやサンダル。全部しまえたら扉を閉めて、下駄箱の上もお気に入りのモノをほんの少し飾ってください。

これで下駄箱の中も上もすっきり、気持ちいいですね。ついでに玄関の掃除もしましょう。「この間したよ」。そうですか。でも今日はまだでしょ？　毎日するんですよ。いい気が入って来るように。そして悪い気が出て行くようにね。

ほうきで掃いて、先ほどの雑巾でたたきを拭き上げてください。

拭くだけなんて、簡単でしょ。モノがなければ短時間で簡単にお掃除できます。

清々しくなりましたか？　今日は用もないのに何度も玄関に来たくなりますよ。「玄関がこんなに気持ちよくなるなんて～」。そう思えたら大成功！

今日もご苦労様でした～。タイマーがなったら終わりです。完ぺきを目指さなくていいんですよ。30分という時間内でできることをしてください。それでかまいませんからね。

お疲れ様でした。

おばちゃまメモ

Tシャツなどのいらない衣類をウエスにすると毎日簡単。使ったらそのままゴミ箱にポイ。あと下駄箱の中に新聞紙やシートを敷いている話をよく耳にするけど、それだと靴を取り出すたびに動いて使いづらかったりしませんか？　何も敷かず、汚れたら拭くようにすれば、面倒なこと一切なしよ。

感想

玄関って実は一番簡単なんです。ここを徹底的にきれいにしましょう。玄関は家の顔ですから、きれいにしておかないとね。汚れた顔ではいけません。古い玄関でも掃除の行き届いた玄関ならお客様を気持ちよくお迎えできます。人に不快感を与えるような玄関ではなく、清々しい玄関を目指して頑張りましょうね。掃除もせずにほったらかしの玄関では、知らず知らずのうちに自分もまわりも不愉快になっているかもしれません。でも大丈夫、すぐに清々しい玄関になりますよ。玄関はもう1日あります。そのとき、今回抜けなかったモノが抜き切れたらいいですね。お楽しみに。

8日目 リビング・2回目

引き出しに本棚、ここが暮らしやすさの秘訣

リビングは2回目ですね。再チェックして、もうちょっと細かいところまで目を向けていきましょう。今日もタイマーをセットして分別ゴミ袋を用意していざ進むぞー。

前回、引き出しの中や収納棚で抜き切れていないところを重点的にやりましょう。

慌ててざっとするのではなく丁寧に一つずつやっていきます。写真があっちからもこっちからも出てきませんでしたか？

靴箱ぐらいの箱を一つ用意してください。写真を見つけたら一旦そこに入れます。写真の整理をするときにまた後で探して集めて……というのは二度手間です。写真はこの抜きが終わってから箱から出してゆっくりやります。どこの部屋から出た写真もこの箱に入れていくようにしましょう。

リビングは家族みんなが集まるパブリックスペースです。みんながくつろげるように、ソファーの上に脱いだ服や洗濯物を置かないこと。個人的なモノは寝るときに自分がこの部屋を引き上げる際に一緒に持っていくことをルールにします。

そうして、みんなが気持ちよく集うスペースにしていきましょう。夫のモノや子どものモノはいるのかいらないのか私たちには判断できませんよね。判断できないからいつまでもそこにあるのです。

そういったことをこれからはなくしていくことで、この部屋はすっきりしてきます。

リビングに収納クロゼットがある方はそこも片づけましょう。棚には何が入っていますか？　できるだけリビングにあるクロゼットはリビングで使うモノをしまうこと。あなたのお部屋がない場合は何段かは主婦の棚を作ると、ここに行けばあなたの必要なモノがある、そんなふうな使い方ができればいいですね。そしてこの部屋で使うモノだけにできるように、使っていないモノはしっかり抜いていきます。

電話台の中から「封筒に入ったお金が出てきた！　クレジットの商品券が出てきた！」。こんなときは得した気分ですね。

こうして見ていくといかに思いつきでモノをしまっていたかがわ

かりますね。
あっちこっちから訳のわからない部品などが出てきませんか？
そして壊れたモノもなぜしまっていたんだろう？
リビングに置いてある全てのモノをもう一度確認点検していきます。

引き出しを確認して、テレビ台の下を確認して、前回片づけられなかったDVDは、持ち主に聞いておられますか？　忘れたという方は今日も抜くことができませんね。その日のことはその日のうちにしたほうが楽ですよ。とにかくなんでも後回しにしないことです。

今、真剣に片づけている方はこの後が楽です。このチャンスを活かして頑張ってください。ほったらかしにしてきたことをほったらかさないようにすると、自然と家の中は片づいてきますよ。物事はあなた次第です。

※本箱、子どものオモチャの片づけは、特別編に書いておりますのでそちらを見ておやりください。

おばちゃまメモ

片づけてもすぐ家族が散らかすとか、いつの間にか散らかっているなんて、不平不満を言っていませんか？　原因、実はあなたです。「まあ、今日はいいか」と、あきらめないでください。家族にも強い信念で言い続けること。あきらめてしまうと今まで頑張ってきたことが水の泡になってしまいますよ。

感想

同じことを毎回毎回くどいと思っていませんか？　だってね、知らぬ間に整理整頓していたり、タイマーをかけずにやりたいだけやっていたり、不用品を抜かずに移動したりしてるんちゃう？　私もそうなんやけど、ある程度慣れてくると、おおよそできることは自分流でパパーッとやってしまいがちです。本を読んでするのはまどろっこしいものです。ちょっと読んでわかった気になってしまう。が、待て待て。物事は基本が大事。大事なことは頭に叩き込んでいきましょうね。そのうち呪文のように、抜くだけ～、タイマー30分かけて～、延長ナシよ～、整理整頓しないでＯＫ！

9日目 キッチン・2回目

毎日使う場所を使いやすく

前回は食器棚の食器を抜きました。今日は延長線上であるシンク下です。お宅のシンク下には、何が入っているのでしょうか？

・お鍋は多すぎていませんか？

・まな板を使い分けすぎていませんか？（お肉用、野菜用、パン用など、いろいろ）

・レードル（お玉）類

・フライパン

・包丁
・ボール
・コランダー（ざる）類
・菜箸

ちょっと調理中のことを思い出してみてください。調理道具は使いこなせていますか？　素敵な包丁セットをお持ちでも、いつの間にか使いやすい包丁だけ使っていませんか？

使わない包丁も処分の対象です。大きいモノから小さいモノまで、形もばらばらでかさばりやすくなってしまうのが調理道具。使っていないモノは抜いてくださいね。何より沢山モノがあると、取り出しにくいです。私は刺身用包丁も出刃包丁も持っていません。魚は魚屋さんでさばいてもらっています。

次に土鍋とかカセットコンロ、電気鍋、たこ焼き器、電気の鉄板、ガス用鉄板などなど、沢山ありますね。使いやすいモノでいくつか代用できればモノは減ります。電気鍋、土鍋もある。土鍋を使うにはコンロもいる。調理器具は、持っていても使わなければただの場所ふさぎになってしまいます。

災害時にカセットコンロは活躍しましたので手放しがたいですが、アレがいいからコレがいいからと、みんな持ってしまうと家の中はモノでいっぱいになります。よく考えて持ちましょう。

私の場合、日常生活を考えて体に負担のかからない軽いモノを選んでいます。だんだん年を取ってくると使えるモノも少なくなってきます。まず自分にどれが合っているかで、いるいらないの判断をしていくと、何を抜いて何を残すかがわかってきます。

使わないモノは処分しましょう。食器棚の上にそういうモノを載せると地震のとき危ないですし、見た目も見苦しいです。重いモノは下に収納しましょう。

調理道具がすんだら次は乾物類などのストックの点検です。消費期限、賞味期限を過ぎたモノは捨て、封が開いたまま長く使っていないモノもこの際処分します。なるべく乾物類は、封を開けたらはやく使い切るようにします。でないと、味が落ちます。冷凍保存してもいいと思いますが、それにしてもはやめに胃袋の中へ。

さあ片づきましたか？　タイムリミットは30分です。

時間が来たら残りは次回へ。

ここでちょっとおばちゃまの持ち物数調べ

お玉はアルミ製を結婚したときからずっと使って『一生もの』と喜んでいましたが、なんと！　穴が空いて使いものにならなくなりました。それで最近買い換えました。

フライパンはサイズの違うものを2つ、卵焼き用も不用になり抜きました。鍋は3つ、あと一つ大きいおでん用の鍋もあります（これは変わりありません）。

ホットプレートは持っていません。モノがなくても幸せ、が私の信条。

ボールは現在お鍋で代用していますので持っていません。

ざるは大小2つしかないけれど、足りないと感じたことはありません。

これらのモノはフル稼働しています。
私の場合、煮魚はフライパンで煮ます。ガラスのふたをしたらおいしく煮えますよ。
お正月のおせちも全てこれでＯＫです。

おばちゃまメモ

乾物類のストックは、使うモノだけにしています。使いそうになければ、はじめから買いません。使わないモノは、買わないことに決めています。買ってはみても結局手に負えず、賞味期限が切れて捨てて「ああ～残念」ってことにならないようにね。もったいないからやめときましょう。

感想

キッチンの中はとにかくモノが多いですね。和食に中華、フランス料理やイタリア料理、どんな料理を作るときでも、道具の出し入れが簡単にできて、洗い物が少ないと楽ですよね。一旦モノをどけてそれから使いたいモノを出すなんて面倒なことをしていたら、食事を作るのに時間がかかってしまいます。私なら出し入れだけで作りたくなくなってしまいます。モノが少ないととにかく片づけも収納も簡単です。びっくりするぐらい楽ですよ。少ない道具でやりくりして使うのも楽しいですよ。

10日目……クロゼット・2回目

抜くのは洋服だけです

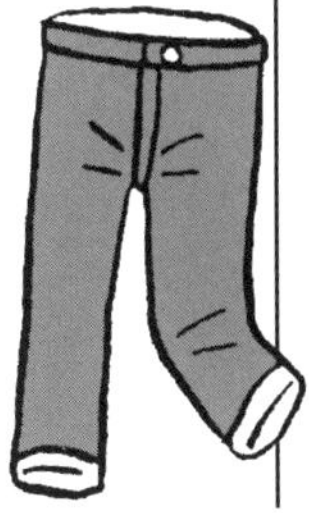

※ここで抜くのは洋服だけです。靴下や下着は普段身につけるときにチェックすれば簡単です。

今日はタンスの引き出しやPPボックスなどの中の洋服を、もう少し細かく見ていきます。今回も集中してやれば、かなり抜けます。PPボックスの中にあなたは何を入れていますか？　今着ない服、つまりは季節外れの服が入っていることが多くないですか？

ボックスの中の洋服を、「去年着た？」「その前の年は？」と自問自答してみると、着ている服と着ていない服を分けることができます。「でもたまに着ているし、なるべく処分したくない」という方。その服が大好きなら持っておられたらいいと思います。

ただ数が多い場合は、その中でも飛び切り好きな洋服だけを残すようにしましょう。

今後手持ちの服としっかり向き合い、着ていないとわかったところで処分する習慣をつけることです。

引き出しがひっかかって開けづらい方。それでは生活しづらいでしょ？ これからいらないモノを抜いていきます。まず着ないセーターやら毛玉のついたニットは入っていませんか？ ジーンズやチノパンなどのズボン系は、みんなはけますか？ 何よりみんなお気に入りですか？

洋服はあなたを美しく見せるためのものです。ピチピチだぶだぶは、見た目も美しくありませんよ。体形が変わったときに着るかもしれない？　それならそのとき、その体形に合わせた服を購入すればいいんじゃない？　服は、今の体形に合ったサイズだけを置くようにしましょう。いつも着たい洋服だけを持つと、ストレスなしになります。

何年も着ていない服ももちろん！処分です。あることも忘れているような服は、さすがにもう着ないでしょう？

こうやって1枚1枚の洋服と対峙していきます。服の抜き作業は、服がお好きな方にとってはつらいこと。でも一度に沢山の服を着ることはできません。持っているけどタンスの肥やしというのでは、服も可哀そうです。

愛するモノはいつもそばに置いて、手入れをしてあげることです。

あなたは全てを愛せていますか？

沢山だとしんどいですよね。

本当に気に入ったモノだけを残すと楽なんです。これが大事。

いやな思い出のある服もこの際処分します。

いやな思い出がよみがえってきますからね。そういう服はさっさと抜いてしまいましょう。

おばちゃまメモ

私は好きな服だけをクロゼットに入れています。数は少ないけど、どれも私のお気に入りで、少ないからこそ、みんな大事に着ています。まず迷わない。今日着る服はすぐに決められます。暑いか寒いかで決まっちゃう。少ないからどれも大切に扱う。いいことだらけです。

感想

女性にとって服は、切っても切れないもの。でも、服はあくまで自分を美しく見せるための道具、ということを忘れてはいけません。見せたい自分が多ければ多いほどモノはそれに付随してどんどん増えます。自信がない人ほど道具に頼ろうとする傾向があります。洋服が多くなるのはそういうことだと思います。似合っているかどうかは別物ですよ。どれも中身は全てあなたです。沢山服があればそれだけ自分が美しくなりますか？　道具に振り回されていては元も子もありません。自分を美しくしてくれるモノだからこそ、好きなモノ1枚1枚を選りすぐっていきましょう。

11日目　押入れ・2回目

収納の理想と現実

さて今日は、おそらく家の中で一番モノがある「押入れ、収納クロゼット」の続きです。あなたはここをどのように使っていきたいですか？　この間抜いたばかりの押入れ、収納クロゼットを開けてみてください。あなたが使いやすいようになっていますか？　思っていたのと違う？　理想と現実のギャップがあるなら、理想を現実に変えられるように私と一緒に努力していきましょう。

しかしどうして現実は、押入れの中にモノがいっぱい入っているのでしょうか？

・捨てるにはもったいない

・他の部屋から移動させてとりあえずしまっている

・そのうち、いつか使うつもりだから

・いいモノだから、誰かにあげようと思っていて

理由はもっともですが、これだと「とりあえず」「そのうち」に占領されて、本来ここにしまいたいモノが入らず、どこかに追いやられています。そもそも押入れや収納クロゼットを、モノをただ保存しておくところと思っていることが間違いなんです。お気づきですか？　モノがないお宅というのは、家具がほとんどありません。

そうなんです、シンプルに暮らしている人たちは、毎日の生活に押入れや収納クロゼットを活用しているのです。作りつけの収納に

できるだけ全てのモノを収めて暮らしておられます。

もしかしてあなたは、使うモノは家具の中に入れて使わないモノは押入れや物入れに入れるものと思っていませんか？　そうじゃないんですよ。

せっかくある収納スペースですから、使わないモノを処分することと、いらないモノをしまい込まないことです。ここに**いらないモノを大事にしまっている間は、家の中は片づきません！**　不用品は心を決めて抜いていきましょう。

前回は大きいモノから抜いていきましたが、できていますか？もう一度不用品がないか確認してみましょう。

“使う”か“使わない”の自問自答

処分するモノをどんどん引っ張り出していってください。ここから出してまたよそにしまっていては、ただモノを移動させているだけです。一旦外に出します。

使わないモノは処分していくことでしか片づきません。本当に自分に必要なモノ以外、使っていないなら抜く。それだけでどれほど家の中がすっきりするか～。

それにはまず、大きなモノを一番に抜いてほしいのです。大きなモノがなくなると、目に見えてすっきりしますから、ぜひこの感動を味わってほしい。劇的に変わりますよ。これは本当です！

収納の極意

あなたはパズルのように片づけるのが、収納の極意だと思っていませんか？　パズルは、いろんな大きさのモノを一つの場所にきれいに入れることですよね。だけどそれは取り出しやすいことにはならないんです。モノはしまうだけじゃなく、今度は取り出しやすくしなければ意味がないもの。ただしまうだけの収納なら今までと同じになってしまいます。

そのためには、荷物を減らすことです。いっぱいあっては、引っ張り出すだけで一苦労。そしてまた、しまうのも一苦労。

だから、抜き作業が大事になってくるんです。

しっかり抜いていきましょうね。

おばちゃまメモ

今回は2回目の押入れでしたね。大きなモノを抜いてきましたが、すっきりしましたか？　抜いたところにはまだ何も入れたらあかんのよ。整理整頓もNG。今は抜くだけです。次回は、押入れに入っている開かずのダンボールのお話をしたいと思います。

感想

モノが多くて困ったことは数知れずありますね。探していてもなかなか見つからず、何日も探し回ったけど見つからないまま、結局同じようなモノを買ってしまった経験、ありませんか。無駄な時間を費やしてしまいイライラ。見つからなかった自分にもイライラ。いらぬお金も使ってしまった。そんな経験、一度や二度ではないと思います。モノを減らすということは、自分を楽にすることなんです。不用品を抜いて、身軽になって、どこに何があるかしっかり把握できるようにしましょう。探し物でイライラするのは、精神的にも肉体的にも、大きなストレスになります。

12日目

リビング・3回目

紙類の処分の仕方、家中の紙集まれ

今回は紙類についてお話ししたいと思います。紙類は、油断するとどんどんたまっていきます。油断大敵。

まずこれから家の中に入ってこようとする紙類から。郵便受けに入っているモノは家の中に持ち帰ってそこらへんに置かず、その場で開封します。そして読んで必要でないと思えば、すぐにゴミ箱に捨てましょう。例えば車の車検のお知らせだとしたら、手帳やカレンダーなどに必要なことを記入して、お知らせの紙は捨てます。必要なことは記帳して紙は捨てる。これを習慣にしてしまえば、忘れたり紛失したりしません。その場で開封することで読み忘れも防げますよ。手紙を残しておきたいときは、それ用のトレイなど、保管場所を作ってあげます。とにかく分別はその場で。よくわからないままため込まないようにしていきます。

どんなに忙しくても、寝る前などの時間を見つけて、その日のうちに分別するようにしましょう。それができない日は、トレイに入れて一時的に保管し、休みの日に分別するようにしてください。まとめてするほうが実は大変だったりしますが、どんな形であれ、あなたが楽にできる方法で続けていきましょう。

では次に、すでに家の中にある紙類を整理していきます。リビングだけではなく家中の紙集まれ〜。全部ダンボールの中に、どさっと入れてください。リビングのテーブルの上にあるモノも、引き出しに入っているモノも、全部です（新聞、雑誌は別ですよ）。冷蔵庫や壁に貼ってある紙も入れてください。これを1枚ずつ確認していきます。期限の切れているものはゴミ袋へ。学校のもので今月の行事は「学校」という分類箱へ、時期の過ぎたものは捨てる。給食の献立などは古くなったら捨てる。公共料金の領収書は、家計簿の中に挟む。キャッシュカードの明細書は、確認後シュレッダーにかける。公共料金（電気代、水道代など）の領収書は、持っていてもあまり役に立たないと思いますので、不用であればシュレッダーにかけてください。ただ、固定資産税や自動車税の領収書は、規定で定められている年数は保管してください。

人によって紙類は大変苦手という方がいます。まとめると面倒で、ますますいやになります。ためがちになり、余計に苦手に。

今日から、紙が入ってきたらその場で分別してみて。スムーズに処理できていくと、苦手意識が克服されていきます。

今回は細かな作業ですが、時間は同じく30分しかありませんので、よりスピードアップしていきましょう。


今回も30分、やれるところまでやりました。とにかく紙類はためないことです。毎回開封して中身を確かめて処理してください。請求書が何度も送られてきていたのにほったらかしにして、それが督促状であってついには家を手放さなければならなかった、という残念な映画がありました。そんなことのないように、毎回確認して処理していきましょうね。

※ダンボールに入れた紙類について、全部は分別できていない場合、ダンボールに入れたままリビングの見えるところに置きます。隙間時間で攻略していってください。

チリも積もればなんとやらです。5分でも10分でも、やっていくといつの間にかすっかりからかんに！　続けましょうね。

おばちゃまメモ

リビングでは、本を読むよりテレビを見ている時間のほうが長い、ということはありませんか？　たまにしか読まない本を、ずっとリビングに置いておくのは、シンプルではありません。自分は何をよく使っているのか、よく知っておくと無駄がなくなりますよ。

感想

大切なお知らせがあるかもしれない紙類は、必ず一度開封して確認します。決して開けずに放置しないことです。確認した後、必要のないモノはすぐに処分しましょう。大切なのは紙ではなく、書いてある内容です。手帳に書き写したら紙は不用。後はいつまでも持っていないことです。紙切れ1枚たりとも余分なモノは一切持たない。この潔さが必要です。余分なモノを残していると、大切なモノが埋もれてしまい、見失うはめになります。大事なことは大切なモノを大切にすることです。そのためにいらないモノを抜くのです。

13日目
・・・・・・
玄関・3回目

目指せ！　玄関美人

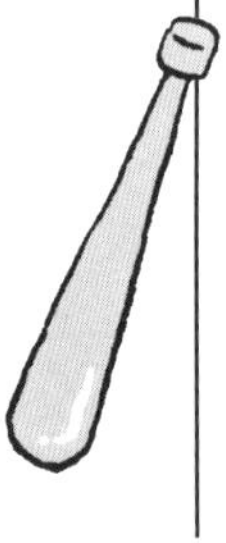

今日は（も？）玄関です。「ああ〜またですか……」と残念そうなあなた、今日の玄関、実は進歩系なんだな〜。

前回あなたは、下駄箱の中を全部ひっくり返して拭き掃除もしました。それがしっかり維持できていますか？　点検してみましょう。

「ちょっとごちゃごちゃしています」という方、まだ下駄箱に履かない靴や、ここにあるべきではないモノが入っているということです。下駄箱の中に本当は履かない靴が入っていませんか？　色が好きだから、形が好きだからと履きもしないのに取っている、その靴。あなたが素敵だと思っても、実は不用品です。本当にあなたがシンプルな生活をしたいと望むなら、それは処分してください。なぜならそれらは、ただそこにあるだけの履かない靴だからです。「履きたい」と思う靴だけ下駄箱に入っているべきなのです。

家族で使う玄関だから

それではまず玄関をきれいにしましょう。玄関に野球のバットやテニスのラケット、はたまた虫取りの網などを置いていませんか？そうそう旦那様のゴルフバッグなんかも。

スポーツをしているお子さんがいらっしゃる方、大事な道具を玄関には置かないで、お子さんが自分で管理できる子ども部屋に置くことを提案します。使ったら拭く癖を、お子さんにつけてあげてください。目いっぱい遊ばずに、ボールを拭く時間を考えるよう教えることも大切です。

かの有名なイチロー選手は、子どものころからバットやグローブを大切に磨いていたと聞きます。お宅のお子さんの部屋にも、道具が置けるコーナーを作ってあげてほしいものです。しかし口でいくら言ったところで、お母さんがしていなかったら、その心は育ちません。あなたがまず行動で示していきましょう。

雑巾も、自分が使ったモノは、自分で洗うよう見本を見せてから、本人に洗わせてください。

お母さんも楽ですが、モノを大切にするという子どもの心も育ちます。オモチャがいっぱいでしまうところがないなら、そこはお子さんと相談して、今後処分していきましょう。バットやグローブぐらいすぐにしまえるようになります。お子さんが、自分でビニールシートを広げて、バットやグローブの手入れをするなんて、とっても素敵な光景だと思いませんか？

玄関掃除

ここで玄関掃除についてもふれておきます。玄関をチリ一つないようにする玄関掃除とは？　それは、毎日ほうきでたたきを掃いて使い捨てのウエスで拭いていく、たったそれだけです。ウエスで仕上げに拭くと、ほうきで掃くだけとは全く違いますので、試す価値ありです。毎日、とはいっても、何も置いていない玄関ですから、1～2分しかかかりません。わずかな時間で美しさが維持できれば、ちっとも面倒じゃないですよね。チリがない玄関って、お寺のように澄んだ気持ちになりますよ。毎日やってみてください。まず自分自身の気分が驚くほどアップします。あなたのおうちの玄関にも、幸運の神様が入って来られるかもしれませんね。玄関がピカピカになったら、次はリビングやキッチンもきれいにできるようになりますよ。楽しみですね。

※3日もウエスで拭いていくと4日目ぐらいからはウエスが汚れなくなります。そうなるとウエスさえ捨てたくなくなります。これが主婦らしいところかもしれませんね。汚れがつかなくなったら、いらなくなったハンドタオルでたたきを拭くといいでしょう。拭いたらすぐに手洗いしてまた干し、専用ハンドタオルで繰り返し拭いて玄関をきれいにしていく。至福の時間です。

おばちゃまメモ

これで玄関は終了です。たたきは掃き、拭き、清める毎日の繰り返しでどんどんきれいになっていきます。モノがないと掃除も簡単です。美しく磨かれた玄関はいつでもどうぞって人をお迎えできます。たたきの拭き掃除、やるかやらないかで全然玄関の空気が違います。

感想

さて本日で玄関と下駄箱は終わりました。いかがだったでしょうか。日々何度も出入りする玄関。昔は、つっかけや下駄が一足、置いてあるだけだったと思います。そんな暮らしは、今では憧れですね。しかしこれをただの憧れにせず、あなたも実行してみてください。これからは大切なモノを家族それぞれの手にゆだね、個々にモノを大事にしていく気持ちを育てたいですね。まだまだ今からでも間に合います。玄関はその家の顔。美しく整え、チリ一つない清らかな玄関に。毎日たった1～2分だけ。きれいにしようという心がけ一つで、できることです。

14日目 クロゼット・3回目

衣類の持ち数調べ

本日は洋服の最終日になります。家の中はすっきりしてきましたか？　すっきりした生活や自分の時間を持つには、余分なモノは持たないに限ります。余分なモノを持つとその分時間を取られます。

今日は、自分の持っている洋服の数を調べてみます。下着、靴下類は含みませんよ。数を調べてみると、何を沢山持っているか、何が不足しているかがわかるようになります。

持ち数調べは、服別にカテゴリーを作ります。自分の持っている服を全部出して、スカート、パンツ、Tシャツ、ワンピースなどと分別していきます。この作業中でも「これはいらない」と思えば、抜いていってください。分別が終わったら、順番にどの服が何枚あるかを数えていきます。数えながらノートに記入していきます。

全部記入したら、合計を出してみてください。

調べてみると、自分の思っていた以上に持っていることにビックリしますよ。

どうでしたか、どれぐらいありましたか?

調べてみたら500点以上持っていたという方がいました。明らかに持ちすぎだと気がつかれました。これだけあれば1年365日、毎日組み合わせで着てもきっと同じパターンにはならないでしょうね。すごい！

１０１点以上の方。その枚数、クロゼットやタンスにきちっと入っていますか？

何よりそれらは、全部あなたが着たい服ですか？　その枚数も持ちすぎではないですか？

１００点以下の方、かなり絞り込めてきましたね。もう少し絞れると思いますよ。


どうですか、これで自分の持っている服の数がわかりましたね。ここでちょっと質問させてください。数えた服はみんな好きな服で、これからも着るんですよね？　とりあえず取っておいたという服はないですよね？　これは大事なことです。

これからも着たいと思う自分の好きな服だけを残して、残りは処分しましょう。

前回「どうしよう、残しておこうかな〜」と迷っていた服は、今回思い切って処分してみませんか。沢山あっても今自分の好きな旬な服しか着ませんか。私も少ない枚数の中からでも旬の服を選びますもの。タンスの肥やしはこの際抜いて着る服だけにしましょう。

残すのは、好きな服だけ。処分していくと数は減ります。数が減ると洋服選びが楽しくなります。こうして繰り返し「着るか着ないか」と問いかけていくと、クロゼットには、着たい服だけいつもスタンバイしているということになります。

人によってちょうどいい枚数は違います。参考までに、私は1年を通して、大体服は36枚前後あれば過不足なく過ごせます。昔はもっとありましたが、減らすことによってちょうどいい感じになりました。あなたもきっと、もっと減らせるはずです。自分にちょうどよいところまで絞ってみてくださいね。

しかし、決めたらずーっと同じタイプの服を好きでい続けるとは限りません。好みは変わっていきます。変わっていったら、着なくなったモノはその都度処分していきましょう。とにかく今、しっかり抜き作業をすることです。

時間があれば、洋服をしまう前に、クロゼットをウエスで拭いてください。30分で、できるところまでやってみましょう。30分が過ぎたら、また次回挑戦してみてください。

おばちゃまメモ

今日はどんな服にしようかと考えるとき、靴もバッグもすっと決められたらいいですよね。ジャンルの違う洋服が多いと靴もバッグも多くなるのは当たり前。自分に似合う服に絞っていくと、それに付随したモノも不用になっていきます。あなたにふさわしい洋服を見つけてください。

感想

私は洋服に関しては安かろうが高かろうが質の良いモノを選びます。いくら手ごろな値段であっても質の悪いモノは買いません。これを徹底していくと、お買い物で後悔しなくなります。それに気に入った服であれば、できるだけ長く使いたいですもの。不釣合いな服は処分し、お気に入りの服だけに囲まれれば、きっと毎日がご機嫌さんですよ。ありあわせの服ばかり着ていると、ありあわせの人になってしまいます。普段の服こそ、もっとも幸せな気持ちになれる服を着たいもの。毎日お気に入りを着て、素敵な人になりたいですね。

15日目

押入れ・3回目

押入れから、不用品よさらば

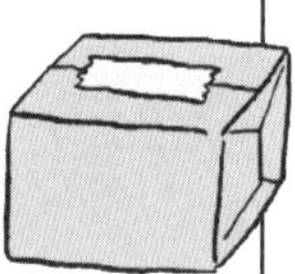

押入れについては、すぐにさよならできないモノも多かったと思います。そういったお別れしづらい品物を処分できたとき、押入れは空っぽになります。心の芯から軽やかになっていることでしょう。そのためにも、もう少し詳しく、どう考えたら無理なく抜けるようになるか説明していきます。頑張ってね。

開かずのダンボール

押入れの奥にダンボールの箱が入っていませんか？　何が入っているか書いてあるのもあれば、何が入っているかわからない箱もある。結構どこのお宅にもこういったものがあるようですね。

そのダンボール、出して、まずは中身を確認いたしましょう。例えば入っていたのは、いただきもののタオル？　好きだったけども う読まない本や、聴かないＣＤ？　いつか使うかもと取っておいたカーテンやシーツ、あることも忘れていた赤ちゃん用品やオモチャ。極端な話になりますが、もし今ここで「火事だ～」と言われたら、それらは持って逃げますか？　おそらく持っていかないはずです。

ダンボールにふたをしてみてください。自分でも、もういらないかな？と思えるのではないですか。気にはなっていたけど、手を出すのが億劫だっただけなのではないですか?

実はそれらが知らず知らずのうちに、心の重荷になって、自分をがんじがらめにしていたのです。

これらのモノを処分していくと、心はどんどん楽になっていきますよ。ダンボールのふたを開け、不用かどうか確認し、不用であれば抜いていきます。押入れの中にある使っていないモノは、使うモノを入れるために処分してください。そうして、あなたの心の重荷を消していきましょう。

生きている以上、モノは家に入り続けてきます。このままではいけない!と思ったときからあなたは変わろうとしているのです。

変わりたいという思いがあればきっと変わります。

おばちゃまメモ

押入れは今日で最後ですが、これからも戻りながら何度でも挑戦してみてください。いつの日にか片づけられるようになっています。あなた自身の手と判断で、すっきり思うような暮らしができたら最高です。家の中から不用品がなくなったそのとき、おうちもあなたも、新しく生まれ変わりますよ。

感想

「継続は力なり」です。これからも沢山のモノがあなたの家に侵入しようとします。それを全て阻止しなくても、入ってきたとしても、今のあなたならきっと対処できます。今までやってきたことは着実に力になっていますからね。これまでの生き方が今の自分を作っています。これからの生き方が未来のあなたを作っていきます。この部分は、暮らし方だけではなく、人生そのもの生き方を伝えています。思い出の品も、不用品も、きちんと対峙していくことで過去のいろんな束縛から解き放たれていきます。心の奥底にたまっていたものを吐き出して、楽になっていきましょう。

16日目

キッチン・3回目

道具は定位置を決めて使いやすく

本日はキッチン最終日です。今日までの努力の甲斐あって、ずいぶんときれいになったのではないでしょうか。今回はさらにステップアップし、収納の定位置を確立していきます。ついでにシンク下のお掃除もしちゃいましょう！

抜き作業が「完ぺき！」であれば今日は簡単ですよ。「もうちょっと……」であっても、掃除をしながらこの作業を進めていけば、バッチリきれいになります。

では拭き掃除から始めていきます。まず雑巾を2～3枚水にぬらし、固く絞ります。拭き掃除は雑巾を2～3枚用意することで、掃除の効率がぐっとよくなります。1枚だけだと汚れたら洗わないといけないので、立ったり座ったりしなければならず、作業効率も悪くなりますし、何より疲れてしまいますからね。コレ、拭き掃除をするときのポイントです。キッチンは一度に全部行わず、ワンコーナー・ワンセット、丁寧にきれいにしていきます。

まず引き出しから（引き出しは順番に1段ずつの要領で）

引き出しの中身を全部出し、中を拭いていきます。出していく途中で「これはいらない」というモノが出てきたらゴミ袋に入れましょう。引き出しは細かいモノや直接口に入る食器などがあるため、清潔さを保てるよう、お箸やスプーンなど用途別に細かく分けると使いやすいです。掃除がすんだら、定位置を決め、収納していきます。

シンク下

掃除は同じ要領で、一旦全部出し、雑巾で拭き、水気が乾いたら定位置を決めて、使いやすいように収納していきます。

シンク下が使いにくいのは、きっとモノを持ちすぎているからだと思います。初めて作る料理に新しい道具はいりません。料理の本には書いてありませんが、案外あるもので応用できるんですよ。ボールの代わりに鍋を使うのもアリですね。道具を買い足すなら、その料理を何度もするようになってからがよいです。

調理道具で処分にどうしても判断がつかないモノは、一旦箱にでも入れて、しまっておきましょう。時間を置くことで、本当に必要かどうかわかってきます。シンク下も他と同じで、とにかく今使っているモノだけを入れてください。案外台所用品はかさばりますから、包丁もそんなにいらないだろうし、ざるも2つあれば十分だったりします。

代用品になるもの一つで、2つ以上の使い方をすれば、モノが減って取り出しやすくなりますよ。

それで問題なくやっていけるようであれば、先ほど箱に入れたモノは、自分にとってはいらないモノということになりますので、改めて処分してください。

今日は結構ハードな作業ですから、30分間頑張ってくださいね。

※できるところまででかまいません。

できなかったところはまた次回、続きからやりましょうね。

おばちゃまメモ

私はキッチンに吊り棚も食器棚も持っていません。そのほうが、楽に台所仕事ができるからです。背も高くないので吊り棚を作っても届かないし、地震のときにモノが落ちてくるのも怖いからね。収納は多ければいいとは思いません。極力少なめにしても、十分に暮らせます。

感想

今ある調理道具や食器は本当に必要？普段からよくキッチンを見回して、これからも繰り返しこのカリキュラムをやってみてくださいね。きっとまだまだ不用なモノが出てくるはずです。不用なモノを抜けば抜くほど、台所仕事は簡単になってきますよ。例えば大きな土鍋。いくつもあったら、邪魔にならない？　いつも使うモノが一つあれば、それでいいんじゃない？　お正月に黒豆を煮るからと、圧力鍋を持っているあなた。そのためだけに圧力鍋が場所を取っているなんてもったいなくない？　こうやってひとつひとつ、考えてみてくださいね。

17日目

ベランダ、外まわり

外は景観であり、共有場所でもある

いよいよラストスパート、ここまでよく頑張りました！　今日は気分転換に外に出てみましょう。ベランダ、外まわりのお掃除です。実はここでも、抜き作業が出てきますよ〜。

ベランダや外まわりをだらしなくすると、ご近所さんには家の中までだらしないのかと思われてしまいます。

外から見える景色ですから、街の景観の一部として、共有場所という意識で取り組まれるとよいですよ。自分だけでなく、みんなが気持ちよくなれます。

マンション、アパートなどの共同住宅では

今回はお住まいの形式によって分けます。まずはマンション、アパートにお住まいの方。

ベランダのあるお宅はベランダを、ないお宅は窓まわりや家の玄関まわりをきれいにしていきます。

まずは使っていないモノを捨てます。これは今までと同じ抜き作業の要領で行います。

次にお掃除。まずほうきで簡単に掃いていきます。それでも汚いときは、水を流せるのであれば水を流して、デッキブラシでこすります。窓も掃除する時間があればなさってください。物干し竿があるお宅は、これも拭いていきますが、目に見えるところだけでなく、日ごろ気にしていないところ（かけっぱなしのハンガーや物干し竿の台など）も拭いてください。洗濯バサミやハンガーを置きっぱなしにしている人は、使えるか再チェック！　だめなものは捨ててください。

ベランダに収納コンテナを置いておられるなら、その中の不用品を抜きましょう。案外この中は死角になっていて、入れっぱなしが多いものです。入れっぱなしで開けていないなら、もういらないんじゃない？　長い間放置しているコンテナはとくに日に焼けて劣化しています。

使っていないならこの際捨てましょう。

ベランダも他の場所と同じで、なるべく余分なモノを置かないことです。そうすると掃除もしやすくなりますしね。何より気持ちがいいですね。

一戸建てでは

次に、一戸建てにお住まいの方。一戸建ての方は、お庭を中心に行います。お宅のお庭では、壊れたモノをそのままほったらかしていませんか？

・壊れていたり枯れたまま植わっている植木鉢やプランター
・もう使っていない三輪車、さびついた自転車
・柄の折れたほうき、よごれたちりとり
・物干しにかけっぱなしの雑巾

などなど、ほったらかしになっていませんか？　こういったモノはこの際捨てましょう。これから使うモノ以外は全て処分の対象です。お庭はベランダに比べ、自転車などの大きなモノやお花の土など、モノがたまりやすいので、この30分は、お掃除より抜き作業を優先させてください。こうして片づけるとどうですか、これが我が家かと見違えるかな？　時間があれば雑草も抜いたりして、汗を流しましょう。

お子さんがいらっしゃったら手伝ってもらうのもいいですね。

終わったらみんなでおいしいお茶でもいかが？

おばちゃまメモ

ガーデニングにスポーツ、道具だけそろえて外にほったらかしだと、さびていきますね。できることとやりたいことは違います。花屋さんの切花をお部屋に飾る、それで十分癒やされますよ。みんなが植えているから自分もと、人に合わせなくてもいいんじゃない？　自分に合った生き方を。

感想

家の外はとにかく誰の目にも触れる場所。植木や、洗濯物干し場、玄関まわり、ガレージと常に見られるところだらけです。だからこそ、余計にきれいにしましょう。玄関と同じで、きっちり掃除が行き届いていると、それだけであなたの株はうなぎのぼり。壊れた自転車や収納庫を置いたままにしておくのは、見苦しいです。外に収納グッズやいらないモノをほったらかしにするのは、できるだけやめましょうね。これからはちょくちょくチェックしましょうね。余分なモノがなくなれば、サッと掃除ができるようになって、掃除が楽しくなります。

18日目 リビング・4回目

これで最終仕上げ！

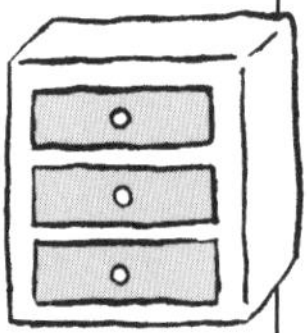

本日はリビング最終日です。きれいな状態を今後も保っていくため、引き出しの中、戸棚、テレビまわりなど全ての収納場所の掃除と整理整頓をします。今日は掃除とモノの定位置決め（整理整頓）をセットにして、それぞれのコーナーごとに進めていきますね。

まだそこまで行かないときは抜きを続行してください。自分のペースでいいんですよ。

定位置を決める

引き出し収納や扉式の収納がある方は中のモノを全て出して、掃除機で吸うか、固く絞った雑巾もしくはハンディーモップで拭き掃除をしてください。掃除が終わりましたら、モノを入れていきます。まずはリビングで使うモノをしまっていきましょう。ここで使わないモノは移動させてください。

また、前回いると思ったのに、今回は不用品だったということもあります。それはこの際、抜いてしまいましょう。

はい、これでモノの定位置が決まりました。掃除をして、定位置を決めてからしまっていくと、判断に時間がかかって、前に進みません。このようによく使用するモノから先に位置を決めていくと、おのずと定位置が決まっていきます。これを間違うと、面倒なことになってしまいます。テレビまわりがすんだら次のコーナーへ、というふうに、コーナーごとに進んでいきましょう。

収納棚

同じように中身を全部出し、拭き掃除をして、必要なモノだけをしまい、定位置を決めていきます。

リビング中を一度に全部やってしまうと収拾がつきませんので、一つのコーナーが終わってから、次のコーナーへと進んでいきます。ワンコーナー・ワンセットです。

こうして拭き掃除をしながら定位置を決めて、「使ったら決めた場所に戻す」ということを家の中のルールにしましょう。同居する家族がいる方は、家族の協力も必要になってきます。夜寝る前に、自分の持ち物は自分の部屋に持って帰ってもらうか、決められた場所にしまってもらうこと。いくら今回きれいに片づけても、使い方がよくなければ徒労に終わってしまいます。家族のみなさんが、自分で管理する癖をつけるよう指導してあげてください。また小さいお子さんがいらっしゃるご家庭では、一緒にコミュニケーションを取りながら片づけの練習をしていき、片づけ癖をつけていきましょう。

もう一度おさらい

・お掃除→定位置を決める
・決めた位置からは動かさない（決めたところがいまいちな場合

は決め直しをしてください）
・家族がいれば協力してもらう
自分だけが使いやすいのではなく、家族みんなが使いやすい、居心地のいいリビングを目指してください。

本日は以上です。整理整頓はできましたか？　できていなくても、落ち込むことはありませんよ。この後も続けていけばいいんです。今整理整頓ができていないのは、まだ抜きが足りないからなんです。しっかり抜いていけば、整理整頓は簡単になりますよ。

だんだん片づいていくと、30分もかからなくなります。家中見回したって、5分ぐらいですむようになります。

そうなったらうれしいね～。

おばちゃまメモ

リビングがきれいだと、気分がぐんとよくなります。住まいにはゆったりとしたくつろぎを求めたいもの。家族が集うリビングは、ほっとする空間にしたいですよね。抜き作業を続けて、すっきりとした心地よい家作りを目指しましょう。

感想

これで一旦カリキュラムは終わりです。終わりますが、まだ家の中が完ぺきにきれいになっていないのなら、また何度でもこのカリキュラムを繰り返してみてくださいね。成果は確実に出ます。たった30分、されど30分なんです。とにかく継続していくことが一番の近道なんですよ。続けていくことで癖になり、意識しなくても自然とできるようになります。あなたの本気とやる気で、徹底的に抜き作業をしていけば、必ず成功します。清々しい暮らし、そしてモノを大事にする心。あなたにできないことはありません。必ずできます。ファイト！ファイト！

チェックシート

ここまで順調に進んでいますか？　片づけが完了した部屋をチェックしていきましょう。「こんなに片づいているんだ」と改めて感じることができ、ぐんとやる気が出ますよ。

- □ 1日目 **玄関1回目**…たたきと下駄箱の抜き
- □ 2日目 **リビング1回目**…テレビ台（収納棚）引き出しの抜き
- □ 3日目 **キッチン、食器棚**…食器棚の食器の抜き
- □ 4日目 **クロゼット1回目**…吊っている洋服の抜き
- □ 5日目 **押入れ1回目**…布団・大きいモノの抜き（電化製品・カラーボックス等）
- □ 6日目 **洗面所、洗濯機まわり**…抜きと一気に掃除
- □ 7日目 **玄関2回目**…たたきと下駄箱の中の掃除
- □ 8日目 **リビング2回目**…オモチャの与え方と本棚の抜き作業
- □ 9日目 **キッチン2回目**…シンク下の鍋やボール等の抜き作業
- □ 10日目 **クロゼット2回目**…タンス・ＰＰボックスの中身抜き作業
- □ 11日目 **押入れ2回目**…押入れ、クロゼットを使いこなす
- □ 12日目 **リビング3回目**…紙類の抜き作業と整理
- □ 13日目 **玄関3回目**…掃除とたたきを再度チェック
- □ 14日目 **クロゼット3回目**…衣類の持ち数調べ
- □ 15日目 **押入れ3回目**…開かずのダンボール確認
- □ 16日目 **キッチン3回目**…道具の定位置決めと掃除の仕方
- □ 17日目 **ベランダ、外まわり**…外は公共の場、不用品の抜きと掃除
- □ 18日目 **リビング4回目**…整理整頓と定位置を決める

ポイント

自分なりのコツや、楽にできる方法を見つけたら、その場でメモしておきましょう。

コツをつかんで片づけが楽になれば、毎日続けても苦にならなくなります。

問題点

逆に自分の問題点や改善すべき点、片づけがいやになったら、どうしていやになったのかを冷静に考えてみましょう。

メモしておけば、今後同じ問題で悩まなくなりますよ。

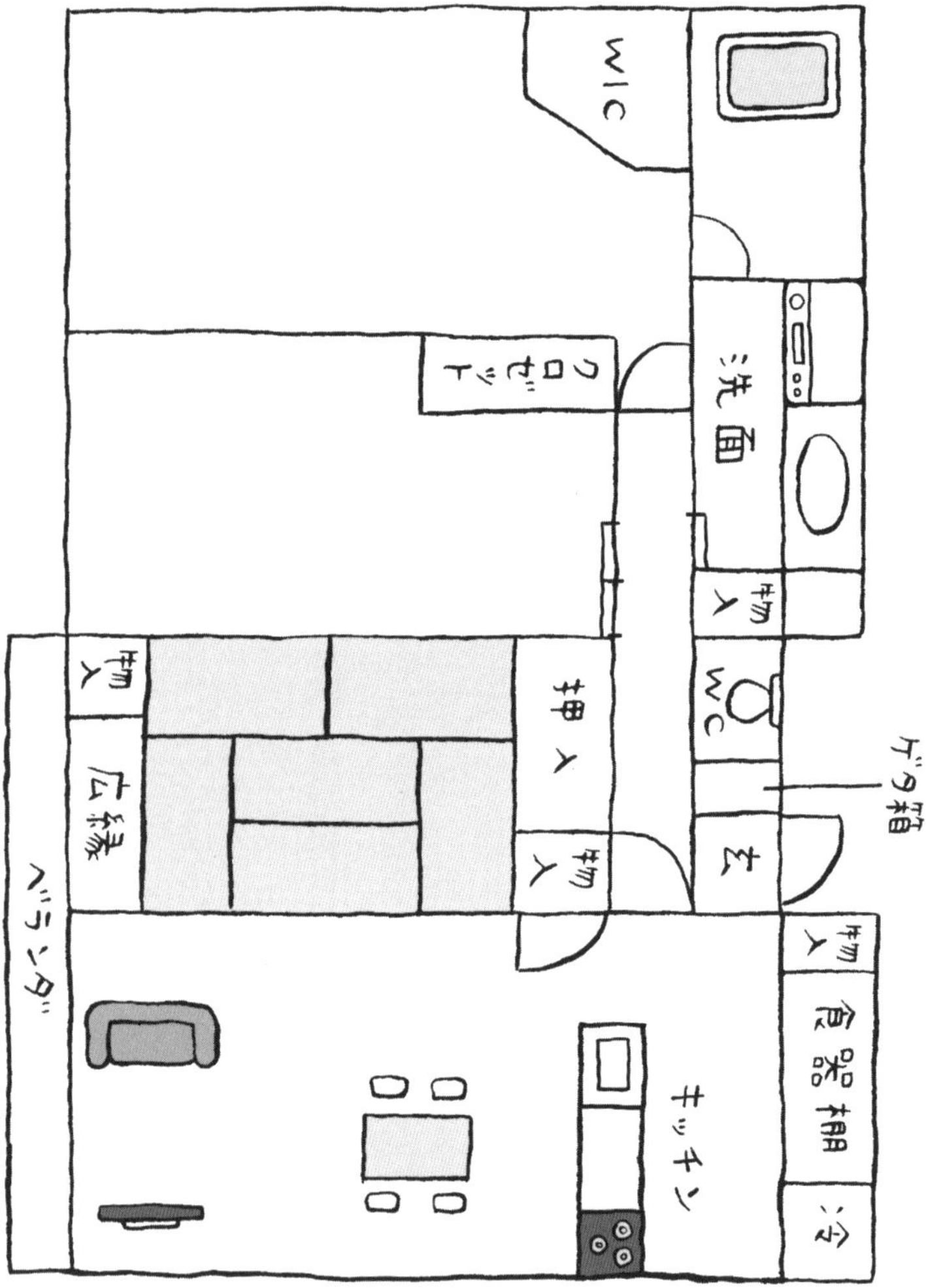
WIC
クロゼット
洗面
物入
WC
ゲタ箱
押入
物入
玄
物入
広縁
ベランダ
物入
食器棚
冷
キッチン

〈　月〉

月	火	水	木	金	土	日

〈　月〉

月	火	水	木	金	土	日

自分なりのコツや、楽にできる方法を見つけたら、
その場でメモしておきましょう。
コツをつかんで片づけが楽になれば、
毎日続けても苦にならなくなります。

逆に自分の問題点や改善すべき点、片づけがいやになったら、
どうしていやになったのかを冷静に考えてみましょう。
メモしておけば、今後同じ問題で悩まなくなりますよ。

特別編　それぞれの30分片づけ

ここからは自分の家にあるところだけをチョイスしておやりいただければと思います。

ご自分のペースで30分を何回かに分けてきれいになるまでおやりください。

和室…和室はパブリックなスペース

和室は誰が泊まりにきても、すぐに使えて、すぐに元に戻せる、そうしたパブリックなスペースにしたいものです。

ですので、壁やふすまの陰にハンガーラックを置いたり、鴨居に洗濯物を吊ったりしないようにしましょう。

和室を物置にしないようにしましょう。


何年も使っていないモノは、迷わず抜きます。

「まだ使うかも？」と思っても、それはあなたの本心ではありませんことよ。

あなたの中にいるもう一人のあなたが阻止しようとしているだけなのです。

片づけたいというあなたが本物です。私もそんな経験をしました。ずいぶんもう一人の私に阻止されました（笑）。そこに気がついてから前に進むようになりましたのよ。

頑張りましょうね。

(1)和室にハンガーラックがある場合

着替えた洋服はここには吊るしません。体温の熱が冷めたらクロゼットの中へ。洗濯するモノは洗濯かごへ、クリーニングに出すモノはすぐにクリーニング屋さんに出しましょう。ここはモノ置き場ではありません。ハンガーラックもいらないのではないかしら？便利だからとこういったモノを増やすと、それに付随してなんでもかんでも磁石のようにくっついてきますから。

そうなるとどんどん掃きだめのようになっていくのです。悪い連鎖反応を断ち切って抜くモノはとことん抜き、ここには何も置かないことです。

(2) 和室にタンスがある場合

まずは中身から抜いていきます。タンスは使っていないモノ入れになっていませんか？　しっかり抜き切って中身がなくなったらタンスも抜きましょう。

ここで注意です。もったいないからと別の部屋に置くことを考えないことです。

中身がなくなったら用はないのじゃないかしら？

私たちはこんなとき、「まだ使える、もったいない」という気持ちになります。

そうするとモノはあなたの家に居座ったままよ。心して頑張ってね。解決するにはまず中身をしっかり抜くことです（ここ大事！）。結局入れるモノがなくなると「やっぱりいらない」となりますでしょ？
　ファイトよ‼

(3)和室に旅行用のスーツケースが置いてある場合

　スーツケースは旅行から帰ったその日に片づけるようにしましょう。そのまま部屋にほったらかしにしません。洗濯物を出して、洗面用具は洗面所に、化粧品もあした使いますので出します。着なかった洋服は、ハンガーにかけてしまうか洗うか判断します。こうして中身を空っぽにしてすぐにしかるべき場所へ（しまう場所がなければ作る）。

　使い終わったらすぐにしまう。次に使うまでほったらかしにしない。そうすると部屋は何もない美しい部屋でいられます。

(4) 洗濯物を取り入れて和室に置いている場合

洗濯物を取り込んで和室に置く。その場でたたんで決まったところに戻す……がベターです。しかし、とりあえず和室に置くだけ……という場合は必ず寝るまでにたたんで決まったところに戻しましょう。あしたたたむはナシです。その日のうちにたたんでしまえば洗濯物の探し物がなくなりますよ（これがやがて自分を楽にします）。

ここで大事なことは「和室には何も置かない」という信念を持つことです。

「少しぐらいいいじゃない」じゃ、だめですよ。

おばちゃまメモ

和室は本来何もない部屋。使ったら元に戻す。そのような使い方をすれば和室は散らかりません。きれいな和室本来の姿になったら、疲れたときゴロンと横になって畳の感触を味わってください。気持ちが落ち着きますよ。和室には日本人の文化があります。

感想

タンスの中身が沢山ある場合は何回かに分けて計画を立てて、30分を3回とか4回とかできれいにしていきましょう。単純に洗濯物を置いているとか、ハンガーを吊っているとかであれば、寝る前には必ずあるべき場所へ持っていくという習慣に変えると、すぐに和室本来の姿に戻ります。

子ども部屋…お子さんに合った片づけを

子ども部屋は、

⑴お子さんの年齢に合った片づけをする

⑵お母さんと一緒に片づける

この2つが小さいお子さんとする片づけには大事ではないかと思います。

小さいお子さんには、ざっくりポイポイと放り込める箱があればOK。

人形、車などのオモチャを分けられるようになったら分類できる箱を用意してあげます。年齢が上がるとそれにつれてできることも増えてきます。2歳ぐらいになると元のところに戻す力も徐々についてきます（個人差はあります。あくまでも目安です）。

小さくても記憶力がぐんぐん育ってきます。このころから片づけの基本を教えていくと片づけ上手の子どもに成長します。教えたことはなんでもスポンジのように吸収していきます。

わかりやすくシールを貼ったりして分別の意識を持たせます。これが片づけることができる子になるための最初の一歩ですね。オモチャで遊んだら子どもと一緒に片づけていきます。

・分別箱を作ると、知らず知らずのうちに子どもは分別が理解できていきます。

「お人形さんはここ」「ブロックはここ」「積木はここ」。

・見える収納にする（ふたがないと戻しやすいし、見つけやすい）。

・モノの量を把握できるだけの量にする（沢山だと気が散る、大切にしない）。
- 収納棚は子ども目線で高さを考える（高すぎるとしまえない、見えない、取れない）。
- 片づけは短時間で楽しく（飽きてしまう）。
- 繰り返しが片づける力をつける（使った後、お出かけ前、昼寝前、食事前）。

小学校高学年になれば自分で分類しながら片づけられるようになります。

片づけはきれいにすることも大事ですが、使いやすくするためのものですから、「きれいにしなさい」と言うより、「使いやすくしましょうね」と言ったほうがお子さんの心に響くんじゃないかな。

・「こうしたい」と子どもの希望があればまずはやらせてあげる。
・「汚い、きれいにしなさい」と叱らない。
・**まずは片づける気持ちを伸ばしてあげること。**
否定から始めるのはその子の芽を摘むことになります。はじめは誰でもできないものです。温かい目で見守りましょう。

勉強机の片づけ

片づけ方は、
①机の中身を全部出す→②仕分ける→③収める
お子さんの持ち物はいたって少量なので大掛かりな片づけにはな

りません。一気に片づけてもそれほど時間はかかりませんのでお子さんと一緒にやってみましょう。

①机の中身を全部出す

床に広げて中身を出していく。

②仕分ける

種類別に仕分けます。消しゴム類、鉛筆類、ハサミ、定規、学校のプリント類、教科書、ノート類などに分ける。

このとき、使っていないモノは抜きます。「よく使うかどうか」「気に入っているかどうか」などの思いは本人しかわかりませんので、ここで口出しはしません。本人に任せます（決めるのは本人、使うのも本人です）。**←ここポイント**。

③収める

収めるとき、仕分けにお菓子の箱や可愛い缶を使うといいです（いらなくなったら簡単に捨てられます）。大好きなクッキー缶を使うと中に入れるのもウキウキするじゃない？

箱も、入れるモノに合わせて組み合わせたり切ったりすると楽しいものです。お母さんと一緒にできることがお子さんにとってはいい思い出になります。お母さんの愛情がたっぷり詰まった引き出しになって、お子さんも喜んで収納を維持してくれるのではないでしょうか。

収めるときどこに何を入れるかは自由ですが、おなかの前の引き出しにはできれば何も入れず（ここはやりかけのモノをしまうために空けておきます）、袖の引き出しの一番上に文具類を入れましょう。例えば消しゴム、ハサミ、定規、鉛筆などを入れます。そこから下は子どもの自由、一番下の深い引き出しは重いモノを入れます。オモチャは机の中に入れないとお約束。**↑ここポイント。**

今まで使いにくいと感じていたことを聞いてあげて解決してあげましょう。**↑ここポイント。**どうしてもノートや教科書が深い引き出しから出しづらいのならば、机の上に教科書ノートコーナーを作ってあげれば解決します。

しまいにくいからしまわないってこと、子どもだけではなく大人でもあります。

しまいにくいから、しまわない。だから散らかるのです。

解決してあげれば散らかからなくなって上手に片づけるようになり

ます。

書道道具やピアニカなど、必要な学年が過ぎれば机のまわりに置かないようにしましょう。今の学年に必要なモノだけ机のまわりにスタンバイさせます。**←ここポイント**。


小学生の間は学校のプリント、学校行事などの連絡が頻繁にあります。それらは学期の休み（夏休み、冬休み、春休み）ごとにお子さんと一緒に整理をしてあげてください。

いるものは綴じたり、バインダーに挟んだり、お子さんと学校のことを話しながらおやりになるとコミュニケーションも取れます。

1年に一度だと、1年分の整理になって時間もかかってしまうので、毎学期終了時がいいと思います。

１学期ごとのプリントは、次の学期には新しい単元に進みますので不用になります。ですので基本全部捨ててＯＫなのですが、満点を取ったとか、気に入ったプリントは残してもいいと思います。

お子さんの励みになると思います。

悪い点はお子さんのほうから「これいらん！」となりますよね。

おばちゃまメモ

片づけを教えることは、生きていくうえでの大切な力を育んでいくことになるはずです。ですから小さいうちから自分の使ったモノは自分で責任を持って片づけるという習慣を身につけさせたいですね。きっと将来役に立ちます。それは子ども本人の生きる力になります。

感想

「片づけを母から教わっていない」とよく聞きます。昔は、片づけ、掃除、家事全般を教えることができるほどのゆとりがない社会状況があったと思います。私の場合も戦後8年経って生まれた子ですから、親は生活で手一杯でそれどころではありませんでした。今は昔と違ってそれが可能な時代だと思います。あなたはぜひお子さんとコミュニケーションを取りながら一緒に片づけをして、生きる力を育ててあげてください。

本…リビングに本箱は置かない

家族の本箱があるとついつい譲り合って管理が甘くなり、だんだん立てている本の上に重ねて置き、ごちゃごちゃと見た目もみっともない状態になっていきます。

リビングにはできるだけ本を持ち込まないようにします。リビングの雰囲気が落ち着かない原因の一つに、本の背表紙が色とりどりで色が氾濫していることがあげられます。

読む本だけをリビングに持ってきて、読み終わったら自分の部屋で大切に保管、管理するという方法がベストです。家族が持ち込む本は、おのおのの部屋へ持って帰るということを、よく話し合われたらいいと思います。「ここに置いていたらゴミとして処理します」と宣言するぐらいでちょうどいいですよ。

不用になった本は、古本屋さんやネットオークションで売るという方法もあります。価値のある本は売れますので、捨てるのは結果が出てからでいいと思います。

この際、本は各自の部屋で管理するようにしてもらいましょう。私も本が好きでついつい好きな作家さんの新刊が出るたびに増えていきます。

私は、ここに入るだけというルールを決めています。そこからあふれてきたらダンボールに入れて抜きの用意をします。ダンボールがいっぱいになったら業者に発送します。

この仕組みにしてから、必要以上に本をしまい込まなくなりました。

抜いてもいいのではと思うモノの中に、百科事典とか、ハードカバーの料理の本があったのでは？

流行の料理は雑誌によく出ます。また、インターネットで検索することもできます。

ハードカバーの料理の本が売れるかどうか一度お売りになられてもいいのでは？　価値があれば高値で売れるし、なくても引き取ってくれたらありがたい。案外大事に持っているモノがびっくりするほど安価だったりゼロ円で、がっかりするということもあります。

おばちゃまメモ

本は見入ってしまうとどんどん時間が経ってしまい、いつの間にかお昼、あるいは「もう夕食の準備しなくっちゃ〜〜」といった具合になるかもね。じっくり見入らないことです（笑）。

感想

本の好きな人は本がいっぱい。定期的に抜いていくしかないですね。一概に本と言っても捨てたら最後、二度と手に入らない本もあります。ですから人のモノを勝手に捨てると大変なことになります。ここでも抜くのは自分のモノだけにしましょう。家族が個々に管理すれば大きな本箱も不用になるのでは？　大きな本箱がなくなればお部屋がすっきり！広くなります。

納戸、外の収納庫、天井裏…モノは入れっぱなしにしないで

これらの片づけは、普段よく使うところが整ってから行ったほうがいいです。

納戸などはモノを入れたら最後、よほどいるものがない限り入れたままにしてしまいがちです。入れることがすでに死蔵物にすることなのです。納戸を開けるとかび臭かったり、暑い日はむっとしたり……で開けるのもいやになります。

中には破れた網戸をしまっていたり、嫁入りのときの長持、タンス、重たい布団、使わない座布団などが沢山入っていませんか？　もらいものの石鹸、タオル、シーツ類など、大きな納戸であればあ

るほど入れているモノもいっぱいある!!

片づけ方は、手前から抜いていきます。手前から抜いていけば奥のモノはいずれ攻略できます。奥のモノに気が行き引っ張り出そうとしても無理です。まずは手前から抜いて道を作っていきましょう。

外の収納庫は外で使う用具が入っていますよね。花壇の手入れ用具などなど。しかし使わない道具も沢山あるのではありませんか? 子どもの三輪車、自転車、オモチャ……。家の中に納戸がないところは、納戸がわりにいろんな使わないモノが外の収納庫に入っているのではないですか?

子どもの三輪車などは思い出にするには大きすぎて難儀ですよ

ね。お子さんが小さいとき、写真に撮っているのではありませんか？

思い出はかさばらないのが一番です（笑）。使わない三輪車も抜きます。

植木のお手入れの消毒剤なども期限が切れていないかどうか確認して、期限がとっくに切れているものは効き目がありませんので抜きましょう。

私も外に収納庫を所有していましたが、リフォームのときに収納庫も中身も全部抜きました。見てみると中身もいらないモノばかりでした。結局収納庫も邪魔であったわけです。なければないほうが後のメンテナンスもいらないので楽です。それになくなるとすっきり！しますよ。

天井裏（ロフト）も結局は使わないモノをしまっていませんか？　使わないのであれば、わざわざ天井裏にモノをしまわないことです。私などは高いところに持っていくことさえできません。しかもハシゴに乗ってモノを持つというのは危険極まりない行為です。

使うモノは使うところにしまう。使わないモノはしまわずに抜く。これが大事です。

「もったいないから取っておいて、いざというときに使う」というのが「収納」の道理であることは間違いないのですが、そもそもいざというときには劣化して使えないということにはなりはしまいか？　あるいは、取っておいたことも忘れて新しいモノを買うという話もよく聞きます。

それならきれいさっぱり抜いて、もともとないとわかっているので必要なときに買う。あるいは、レンタルするほうが所有するよりいいかもしれませんよ。

納戸の新たな使い道

家の中の納戸には、いらないモノを入れるのではなく本当にいるモノをしまいましょう。風通しをよくしてオープンにし、他に使えるように工夫してもいいんじゃないかしら?

私はおいちゃん（夫）のクロゼットだったところを秘密基地にしました。机を置いて棚をつけてもらって読書をします。ここには洋服もバッグも必要なモノが全部置いてあります。

納戸をあなたの趣味の部屋にするとかもいいんじゃない? 電気のコンセントも増設してもらい、玄関のピンポンにも対応できるようにしてもらって、ここに籠っていてもちゃんと用事ができればいいですよね。

小さい部屋だからこそいろいろな工夫を施して楽しむことができます。これが広かったら私は落ち着かないと思います。

狭いところが好きなのは母のおなかの中の居心地のよさとよく似ているからかも。

おばちゃまメモ

納戸や外の収納庫は利用頻度をちょっと調べてみてください。年に数回、しかも家の中にしまえるモノであれば、この際、外の収納庫をなくしてみてはいかがかしら。家の中も外もすっきり！

感想

使わないモノをよくまあ！大事に物入れに入れていたと思いませんか？　こうして抜きを進めていくと無駄にお金をかけていたことがわかりますね。外の収納庫だって数万円から大きいモノなら数十万円もしましたよね。１００人乗ってもこの通り……という物置の宣伝でお馴染の物置は確かに頑丈で、一度購入するとなかなか手放すのが手ごわいですね。でも頑張って手放す方向で考えてみましょう。

廊下、広縁…モノを置かない

廊下……次の部屋に行くための家の道。道にはさえぎるモノを置かないことです。モノがあるとつまずきます。地震や火事のときは逃げるのに邪魔です。そんなときは慌てますので余計に危険です。道は何も置かないに限ります。

日ごろからそんなふうに心がけておくことです。いざというときにその威力は発揮されます。昔、ビルの廊下にモノをいっぱい置いていて火事のときに防火扉が閉められず、沢山の方が亡くなったことがありました。廊下にモノを置かなければ助かった命です。廊下にはくれぐれもモノは置かないようにしましょう。

広縁……昔の家には広縁がありましたよね。日向ぼっこをしてそばには猫がゴロ〜ンと寝ている。いい風景ですね。ここにも何も置かずに広々としておきましょう。

よくここに使わない健康器具などを置いたり、大きなマッサージ器があったり……。「健康器具には洗濯物をぶら下げて使っているのよ」というのは使っているとは言わないでしょう。本来の使い方がなされていないことが問題なのよね。それに行き止まりだったらなおのこと物置場所になる確率が高くなります。

健康器具、マッサージ器は使わないモノ・ベストテンに必ず入るそうです。使っていないなら処分しましょう。買うときは喜んで買うんだけど、なぜか早々に使わなくなるのが健康器具ですね。

我が家もおいちゃんが私に相談せずに買ってきて、2階のホールに置いて、使ったのはなんと1回だけでした。1年経って私が分解して処分するはめに。1年間、見るたびに「なんで！　もう！」と憤慨したものです。「いや、安かったから思わず買った」とおいちゃんの弁。しかし1回しか使わなかったら1回1万円もかかっているということですよあなた!!

こんな話は思い出すたびにムッとしますね。さあさあ、そこのモノがなくなればとっても清々しくなりますよ。心を決めて抜きましょう。欲しいという方もいるかもしれませんから友達に聞いてみるのもいいと思います。マッサージ器は高価なモノですから欲しがる人、いらっしゃるかもよ。聞いてみてね。

おばちゃまメモ

廊下にモノがあるとけつまずきそうになりますね。とくに扉あたりにモノを置くと、モノが倒れて中にいた人が扉を開けられないという事故もありました。けつまずいたり、扉が開けられないのは、モノをどかしさえすれば解決することです。即行動！

感想

広縁の奥に物入れがある場合、扉の前に健康器具や、動かしにくい大きなモノをドンと置くと、その物入れは死蔵物入れになってしまいます。こういったことをなくすためにも扉の前には何も置かないようにしましょう。「広縁は何もない美」。それが広縁の美しさです。窓の向こうから暖かい日差しが差し込み穏やかな暮らしを連想させます。日本文化だと思います。美しさを保ちましょう。

寝室……この部屋はとくにシンプルに！

寝室は体を休める場所ですからできるだけ寝具のみにしたいものです。後は、ここに必要な目覚まし時計とか読書灯ぐらいでしょうか……。

この部屋はとくにシンプルに！　モノを散らかしていると歩くたびにホコリが舞い上がります。

また夜中に起きてトイレに行く際も、モノがあれば寝ぼけ眼で足を滑らすことも考えられます。

また眠った後、寝返りを打つたびにホコリが舞い落ちてきて口や鼻に……。いやですね。健康によくありませんし、とくにアレルギー体質の方にはホコリやダニは大敵です。

ベッドの場合はベッドの下にホコリがたまりやすくなりますので、こまめに掃除しておきましょう。

カーテンもホコリがつきますのでこまめに洗濯するといいですよ(マンションだと雨戸がないのでカーテンは必要ですね)。ホコリは舞いますし、落ちてきます。それが厄介ですよね。

朝起きたら掛け布団を二つ折りにして体温を逃がします。

寝室が和室の場合も、布団の体温を逃がしてから押入れにしまえばすっきりした部屋になります。ここに必要のないモノは抜きます。

布団が入り切らないほどの荷物が押入れにある場合は、押入れの抜きは徹底的にして寝具がきれいにふんわりしまえるようにしましょう。

おばちゃまメモ

寝室は普段人が入ってこないからとあれこれ置くと、ホコリがたまります。寝室は布団や毛布などの繊維が落ちるのでホコリが出やすいです。寝室は穏やかな睡眠が取れるように配慮しましょう。

感想

寝室は清潔で空気が澄んでいることが大事です。そのためにはできるだけ掃除がしやすいようにモノを置かないことです。そして寝室の掃除はこまめにしましょう。タンスなど置くとタンスの上にホコリがたまります。ホコリは上から落ちてきます。できるだけ家具は置かないようにしたいものです。ベッドの配置も眠りに関係するようなので考慮しましょう。

写真、子どもの工作…片づけの特別待遇

写真、子どもの工作、絵画、作文などは、時間をかけてじっくり選びたいものです。

片づけにめどがつきましたら、思い出に浸りながら心ゆくまで時間をかけておやりください。

これだけは特別待遇です（笑）。

この時間はとてもいい時間です。昔を懐かしみながら大切にしておやりください。捨ててしまえばもう二度と戻ってこないものです。あなたや家族にとって大事なものですから、時間をかけておやりになったほうがいいと思います。

写真

私は、子どもたちが結婚するときに欲しい写真を持たせました。子どもが残したモノの中からとくに思い出があるものをピックアップして、とにかく全部の写真の中から小さな思い出アルバムを作りました。その後、また見直してさらに抜きました。

全部の中から厳選するのは非常に骨が折れました（笑）。今はデジカメで写してプリントしないという方法もあります。

写真は記憶になかったものを記憶に残す働きもします。おじいちゃんやおばあちゃんの若かりしころ抱っこしてもらった写真を見るとそれが記憶に残ります。

私は小さな孫と手をつないだ写真を今大切に持っています。後ろ姿なのですが、これを見ると幸せな気持ちになります。2歳なので記憶に残らないんじゃないかしら。でもこの子が大きくなったとき写真を見るとこれが記憶となり、その子の心に残るんじゃないかしらと思うのです。

私も小さいときおじいちゃんにだっこしてもらった写真を持っています。今でも大切な1枚です。

子どもの工作

子どもの工作は幼稚園、小学校、中学校といったふうに3つぐらいに区切って、大好きなもの数点を残せばいいと思います。小学校のときは小学1年から6年までとくに思い出のあるものを一つか2つ。中学校もそんな感じで厳選します。

①作品をコンパクトにする（写真に残し、アルバムに）

②作品自体を残す（ダンボールはだめ、ふたつきの箱に）

私の場合は子どもたちに選ばせました。親がいいと思うものと本人が選ぶものとはおのずと違っていて、「え？　それがいいの？」って面白いですよ。そりゃそうですよね。親はできのいいものを残そうとしますが、作った本人はそのときにいい思い出があるものを残すはずですから。

おばちゃまの２畳ほどの狭い秘密基地の棚に「収納」、「宝物」、「考え中」の箱を置いています。写真の「宝物」の箱の中には、「私のへその緒」、「娘の発表会のＤＶＤ１枚」、「娘が作ったお片づけ券」、「子どもたち２人がダンボールで作ったぞうり」などが入っています。

コラム1 〉ごんおばちゃま流簡単お掃除

☑片づけと一緒にできる便利お掃除

玄関、洗面所と抜きながらお掃除までしました。そのやり方はとても簡単だったでしょ？　もう一度、おさらいしながらご説明いたします。

おばちゃまの場合、めんどくさがり屋なので、長い時間片づけたり掃除したりするのが苦手なのです。

ですから、よく言われているチョコチョコ掃除なのでしょうが、それでもチョコチョコといかないのが、ごんおばちゃま流です。

なんてことはない、1か所を大体数分程度で掃除していき、家の中全部を25分以内ですましてしまいましょう～と心がけております。

これは単にチョコチョコと合間にやって普段はもっとする、というものではありません。いつも25分で家の中を掃除してしまいましょうというプログラムです。

順番は自分流でやりやすいようにしてください。ここでは、私のやり方を例にしますね。

☑**掃除の順番とかかる時間の目安**

玄関（2分）→トイレ（6分）→階段を拭いて下りてくる（2分）
→洗面所（2分）→テレビ台（1分）→たまに掃除機（2分）→気

になるお部屋の掃除（普段は紙モップ、10分ほど）、これで約25分ですみます。

☑ 玄関

たたきをほうきで掃いて（掃除機でも可）、ウエスを水で湿らせ固く絞って、そのまたたきを拭くだけです。ウエスは洗わずに捨てます。これを毎日、1〜2分行います。

たたきのところには何も置かない。それを徹底すると、このように短時間で拭き掃除までできます。毎日簡単で、お掃除するととても清々しいですよ。

☑洗面所

洗面ボール（シンク）を洗剤で洗います。私はマイクロファイバークロスで洗いますが、スポンジでも可。

次に鏡と洗面台を磨きます。毎日するのでほとんど洗剤いらず。洗剤を使うときは、重曹スプレーか、お風呂用洗剤でもいいですよ。洗面台を拭いて終わり。2〜3分で終わりますよ。

☑トイレは心の片づけ、トイレ掃除で心を磨く

トイレ掃除ももちろん毎日します。ここでもマイクロファイバークロスが大活躍。トイレブラシは使いません。マイクロファイバークロスでトイレの中もゴシゴシこすります。「えええ？」と驚かれるでしょうが、この方法に慣れればとてもきれいになって気持ちが

いいですよ。

気をつけたいのは水の吸い取り穴にクロスを吸い込まれないようにすることです。水圧で引っ張られやすいですから、ここは緊張感があって私は結構好きです。驚くほどピカピカになりますからね。

☑ごんおばちゃま式トイレ掃除

あえて言うこともないようなんだけど、あえて。

使う道具、クロス2枚。

使う洗剤、なし（重曹スプレーですら最近は使っていません）。

使うトイレブラシ、なし。

毎日たった5～6分の掃除ですが、週に1回とか3日に1回だけ掃除をするトイレとは、汚れ方が断然違います。はじめの何日かは数十分ほどかかるかと思いますが、頑張っていきましょう。
(1)クロスを軽く洗います（バケツはいりません）。
(2)しっかり絞ったクロスで、手洗いボウルとカウンターを磨きます。
(3)窓の桟を拭き、お香の台や置物を拭きます（あれば）。
(4)洋式トイレなら便器のふたを拭きます。
(5)便器の横を拭きます。
(6)便座とその裏側を拭きます。
(7)便座を上げ便器の上を磨きます。
(8)便器の内側を（へこんだ部分も）クロスで磨きます。
(9)水を流しながら、汚水が入る口まで手を突っ込んでクロスで磨きます。クロスが水圧で引っ張られないよう、しっかり持ちま

ごんおばちゃま式トイレ掃除
クロス
洗濯
トイレブラシ
5〜6分

す。

⑽新しいクロスで床を拭きます。床がホコリっぽいようであれば、紙モップで拭き取ります。

これは毎日なので、本当に汚れなくなります。お子さんのいるご家庭は、小学3年生以上であれば、汚したときは自分の始末を自分でしてもらうようにしましょう。家族同士でも当たり前のこと。においにこだわる人は多いですけど、掃除にもこだわってほしいものです。この掃除方法になってから、私は洗剤を使ったことがありません。トイレはいつもピカピカですし、においもありません。電気のコンセントの上のホコリも見逃しません。毎日トイレを磨く、ということが当たり前になってほしいもの。トイレは汚い、ではなく、トイレは美しい、です。

映画も撮られる大物タレントさん、彼は自分の映画を撮る現場の公園の公衆便所も掃除されているそうです。素晴らしいでしょう?頭が下がります。

いかがでしたか?　お掃除をする方には幸運の女神様がついています。あなたにもきっと女神様が微笑みますよ。

最後に、掃除の後は、必ず石鹸で手洗いをお願いいたします。

コラム2 「生前整理」のすすめ

☑自分が死んだ後のこと、考えていますか？

人間の寿命は、どんなに医学が発達しても、永久不滅や意のままにはできません。生きている間はモノを大切にしていますが、死んでしまえば実にあっけないもの。そしてほとんどのモノが、不用品になってしまいます。

私の母は5年前に亡くなりました。

私は以前から「自分が不用だと思うモノは捨ててね」とお願いしていました。母が亡くなった後、母のモノをあれこれ捨てることは、残された私にとって苦痛になると思っていたからです。

しかしそうは言っていたものの、母は病気で倒れ車椅子が必要な状態になりました。結局施設に入った母に代わって、私が母の生前整理をせざるを得なくなってしまいました。気が重く、長らく取りかかることができませんでした。しかし「やらなければ」と意を決したのが、母が倒れてから1年が過ぎたころでした（このとき母は、体は不自由でしたがまだ元気でいてくれていました）。

☑母の生前整理

私は、母のモノをほとんど処分しました。まだ使えるモノは近所の方に差し上げたりもしました。できれば本人に整理してほしかったのですが、老齢の母には無理だったのでしょう。ただ救いだったのは、父が亡くなったときに、父の荷物は母が処分してくれていたことです。これはありがたかった。両親の荷物をいっぺんに片づけるのは、私の心にも体にもさぞかし負担になっただろうと思います。

☑自分でできる「生前整理」

人生の最期、亡くなってしまえば終わりです。でも残された者にとって、思い入れがある荷物の処分は本当に負担になります。なので私は、「生前整理」あるいは「老前整理」を自分でしたいと思っています。コップ1個でも、親のモノなら捨てにくいですが、自分のモノ、ましてや若いときのモノなら、未練なく捨てていかねばと思います。

自分のモノは自分の手で、できるだけ。

その一つに手紙があります。ラブレターは恥ずかしいので、今のうちに捨てておきたい。他に日記なんかも、読まれると恥ずかしいのではやく処分しておきたい。このように見られて恥ずかしいものは、一番に処分したいものです。

若いころに着ていた洋服や着物も、もう着ないのなら処分。「いつか使うかもしれない」と取っておいたボタンやファスナーも捨てる。こんなの、誰が見てもただのゴミだから……。

新品だから誰かにあげようと思っていたバスタオルやシーツなんかも、よく見ると赤茶けている、なんてことも。入院用に買っておいた寝巻きがあっても、今は病院でレンタルできるから必要ありません。

☑何を残せばいい？

考えてみたら、残しておけるモノが我が家にはほとんどありません。日々の暮らしに必要なモノがあれば、それでいいと思うのです。残したいモノは、心の中にある家族の思い出だけ。それで十分ではないでしょうか。そうして身軽になり、精神的にゆとりのある生活の中で、老後をゆっくりと迎えたいもの。

でも、いきなりそんなに頑張らなくてもいい。毎日少しずつ、自分の体が動く元気なうちに、片づけていきたいものです。1日30分なら、きっとできますよ。

☑親の役目

私が死んだら子どもには、生命保険や除籍の手続き、年金手帳、介護保険、死亡診断書、銀行口座解約の手続きなど、雑多で面倒なことをしてもらわねばなりません。

自分が亡くなった後、子どもの負担を少しでも和らげてあげるのも、親としての役目ではないかと思う今日このごろです。「もったいない」と思う心で残していくと、苦労するのは子どもたちなのですから。

☑新聞折り込み広告で作る紙のゴミ箱

紙で作るゴミ箱は私が考えたものではなく、昔からある方法です。ビニール袋に包んで捨てるより断然環境にいいので、あなたにも活用していただけたらと思います。

「広告ゴミ箱」の折り方

B5でもA4でも使いやすいサイズの用紙を用意して下さいね！

① 上半分を折る

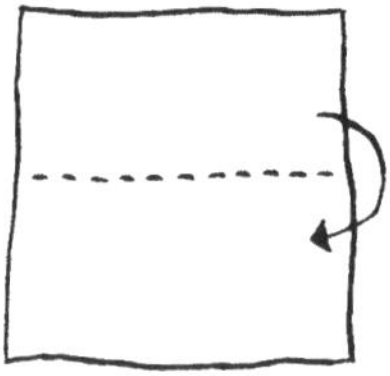

② さらに半分折る

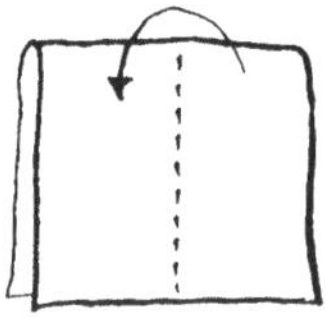

③ ①の状態に戻し、中を広げる

④ うら返して、裏側も同じように中を広げる

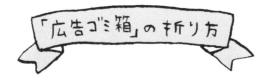

⑤ 脇を折り返す。
裏側も同じようにする。

⑥ たて半分の線に合わせ
横を水平に折る

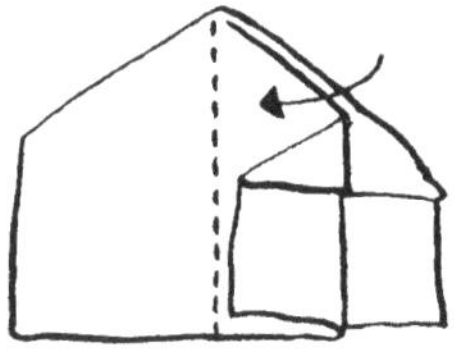

⑦ 反対、裏側も
同じように折る

⑧ 下を折り返す。
裏側も同じようにする。

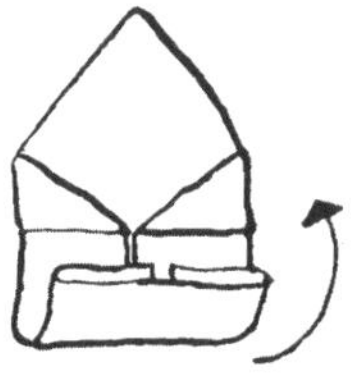

ひらいて、底をつぶして、できあがり！

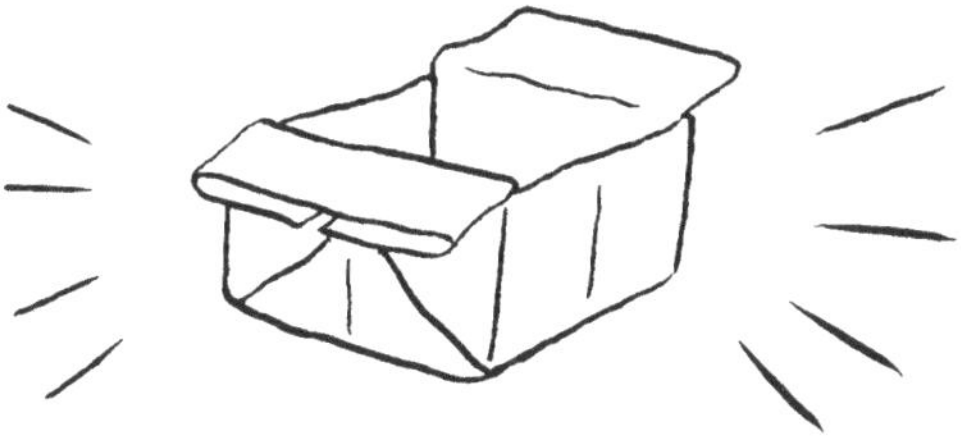

●リビング用

冬はミカンの皮を捨てます。この場合水分があるので硬めの紙がいいですね。

春と秋は鼻をかんで捨てます。

この時期は花粉症の時期で大変重宝します。

秋から春まで使えていいんじゃないでしょうか。

また子どもたちがリビングで勉強したときの消しゴムのかすなどを入れるのにも重宝します。

●キッチン用

できればシンクや三角ゴミ入れに入れずにまな板の横で皮をむき、ダイレクトに紙のゴミ箱に入れると水にぬらさないですみます。

ダイオキシン対策のためにもぬらさないで捨てるほうが環境にいいです。

ぜひぜひ環境にいい捨て方を家庭の中から変えていきたいものです。

あしたしんでもいい
片づけ
基本!

第3章

「モノ」がない幸せをあなたにも

PART 3

なぜ30分なの？

30分ひたすら抜くだけの作業はいかがでしたか？　単純な作業ですが、私は実に気持ちよく行っています。私の経験ですが、これが10分や15分では物足らず、かといって1時間や45分では疲れてしまいます。毎日30分なら、楽にやれるのです。

結局片づけは1回や2回ではできません。継続することが大事です。それなら疲れない程度、楽しいと思えるところ、つまりは余力を残したところでやめること。「もっとやりたいと思える」ほどほどの時間が30分なのです。

このわずか30分の抜くだけの作業を、毎日徹底します。30分コツコツですが、続けることで自分を楽にします。

モノがないのに幸せです

暮らしの中で必要なモノは、そんなに多くないと思います。使うときに必要なモノがすぐに取り出せて、楽に暮らせる。モノがないのに幸せに感じるなんて不思議でしょうが、もう豊かさがモノの数に比例する世の中ではないのです。そろそろそんな生活から抜け出して、自分らしい暮らしにしていきませんか？毎日ご機嫌さんで暮らしていきましょうよ。

必要なモノだけ持つことで、モノの大切さ、モノのありがたさが心にあふれてきます。「これしかないから」ということは、とてもありがたくて幸せなことです。たくさんのモノを持っているときは、そんな気持ちにはなりません。モノのある人とない人では、おのずとモノの価値観、基準が違ってきます。沢山モノを持っている人はひとつひとつを大事に思えません。考えてモノを手放していく人は、少ないモノで幸せを感じていくようになるので、ひとつひとつを丁寧に扱っていくようになります。

私はいつも軽やかでご機嫌に生きていきたい。数えきれないほどあったモノとさよならすることで得た幸福感は、モノを手放した人にしかわかりません。どうかあなたにも、モノを手放すことで得るこの幸福感を、存分に味わっていただきたいものです。

たかが30分　されど30分

「どうしても長続きしない」という欠点。ちょっとやっては冬から春まで何もしない、そんなことを繰り返しながら、永遠の片づけ（ところてん方式）をしていても、一向に片づきません。何年もかかって、朝から晩までいつまでもやり、そしていつも決まって疲れてしまっては、次の日もその次の日ももう片づけをやりたくなくなってしまう。

そりゃそうでしょう、脳は賢いのです。

「そんなにやったらもうあんたギブアップだよ」と脳が「いやだ！」信号を発信し、過去の経験をリアルに思い出させるのです。

そんなとき、30分の効果はテキメン。たった30分、という時間規制が自分を楽にします。

この30分の抜き作業をするだけで、家の中が少しずつきれいになっていくのです。

「もったいない」の間違い

さて、カリキュラムを一通り終えてみて、いかがでしたでしょうか？　あなたの家は、すっきりとした家になりましたか。きれいに片づけられ、モノは取り出しやすく、しまう場所も決まっている。あしたから、こんなにきれいな家での暮らしがずっと続くんですよ。夢のようですね。

でもまだまだモノが捨てきれないという方、なんとなく家がごちゃごちゃしているという方。急がなくても大丈夫。自分のペースで無理なく続けていきましょう。


そもそも私たちは、いつからこんなに沢山の〝モノ〟に悩まされているのでしょうか。

私、ごんおばちゃまの生まれた時代には、まだまだモノが少なく、「モノを大事にしなさい」と父や母によく叱られたものです。一つ買ってもらうと、壊れたりなくなるまで新しいモノは買ってもらえませんでした。なんともせつなかったです……。

そして現代、モノが簡単に手に入る時代になり、沢山のモノが家の中に押し寄せてくるようになっても、不思議とその「モノを大切にしなさい」という教えだけが守られているように思います。この「もったいない」が、今日まで私たちを苦しめてきている大きな要因となり、いつの間にか片づけられない大人として、おそらく今、立ち往生しているのです。

「もったいない」と思うことと、モノを大切にすることとは別のことです。まずは自分に必要なモノを見極めること、そして少しのモノを大切に使い続けることと、これが清々しい暮らしを続ける秘訣だと思います。

継続は力なり

人は生きていくうえで、1日たりとも片づけなくていい日はありません。食事をしたら食器を洗い、あした使えるようにスタンバイさせておく。お風呂に入ったら浴槽を洗う。洗濯物を干したら取り込んでたたみ、しまう。

こうしないと、次に使うときに気持ちよく使えません。片づけとは、次に使うための準備なのです。ただきれいに見えるようにすることだけが片づけではないのです。一見きれいに見える収納がただモノを詰め込んでいるだけであったら、すぐにぐちゃぐちゃになるのは当たり前のことです。収納とは本来、しまう場所を決め、いつも同じところから出し、またしまう、これを繰り返していくことですから、何をするにも一過性では効果はありません。勉強も続けることで博士と呼ばれ、スポーツも続けることでアスリートになります。私のような主婦だって、立派なアスリートなんですよ。継続は力なり、あなたも立派なアスリートを目指してみませんか？

ところてん方式の片づけ

片づけにはからくりがあって、片づけがうまくいかない人は、片づけている

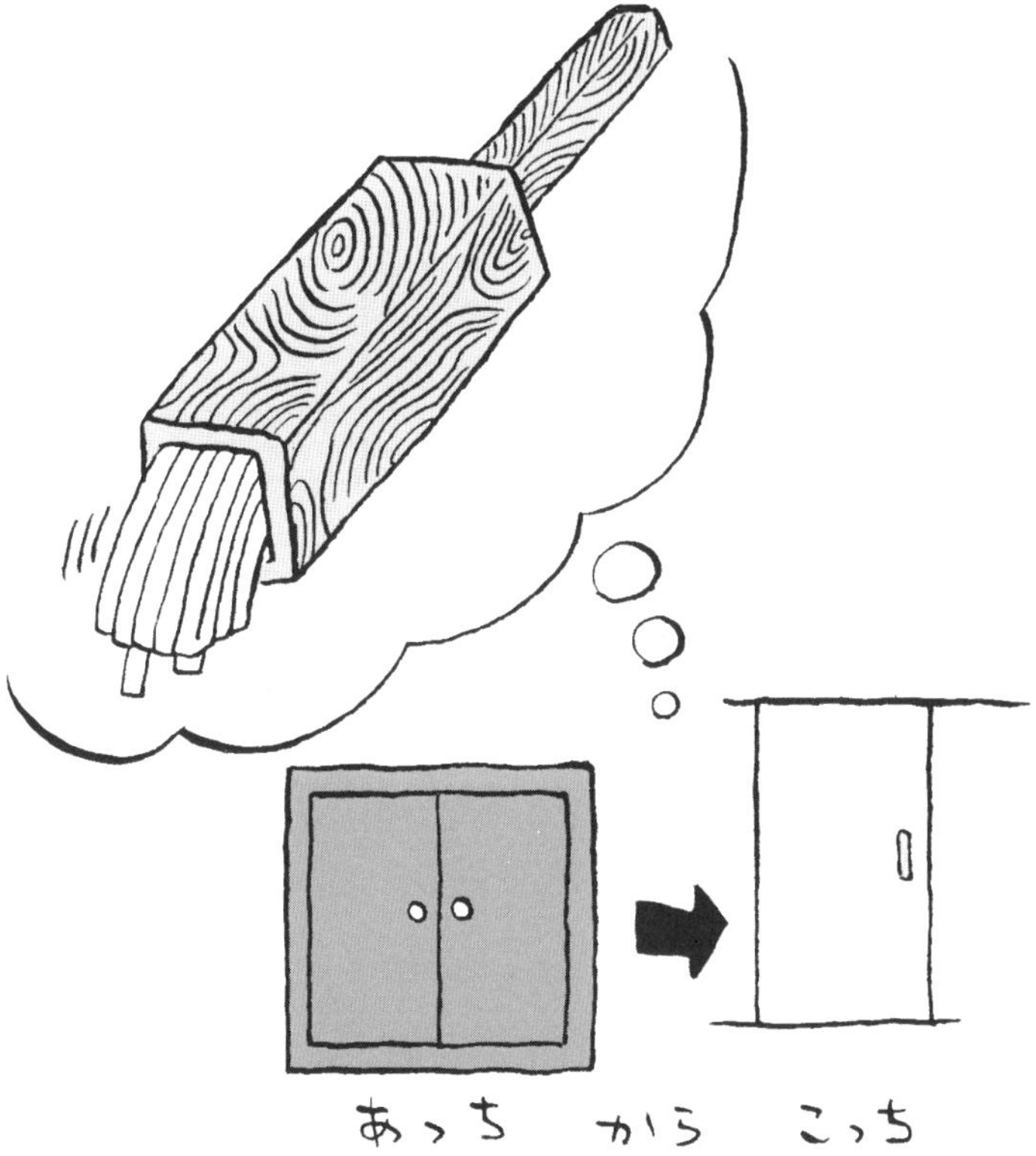
あっち から こっち

ようで、実はこっちからあっちへとモノを移動させているだけ、ということが多いのです。どうも片づかないという人は、一度ご自分の行動を振り返ってみてください。振り返ってみると案外、「ここには入らないからあっちに入れよう」「これこっちにも入らないから他のところに入れよう」としていませんか？

モノを移動させているだけで、結局ちっとも片づけられていない。努力の割に片づかないのはそのせいなのです。

なぜならそれらは本来、〝収納するモノ〟ではなく〝抜くべきモノ〟だからです。ここに置いたら邪魔、あっちに置いても邪魔……と、ただモノをぐるぐる回していただけなんですね。

これを私は〝ところてん方式〟と呼んでいます。これを繰り返している間は、残念ながら片づきません。ただでさえ押入れや収納庫はぎゅうぎゅう詰めなのに、よそからまた新しく入れようとしても、そこにあるモノを追い出さないことには入れられません。そうやってただただモノをところてん方式で押し込んで、追い出してを繰り返していても、永久にきれいにすることはできません。そうでしょ？

　モノを減らさずにすっきり暮らすということは、不可能なのです。ならばとよそに貸倉庫を借りたとしても、それもただのところてん方式です。目に触れないところに置きっぱなしにすることは、もっとも危険な行為の一つなんですよ。家の中でもありませんか？　貸倉庫のようにしているところ。

「ところてん方式の片づけを、私は絶対にしません」と、あなたも誓ってみてください。そうやって誓って、不用なものを抜くことで、家の中は驚くほど片づいていきますよ。

清々しい暮らしに向かって

　不用品を内から外に出したとき、モノは初めて減り始めます。使わないものを家から出し、本当に必要なモノだけを大切に使っていく。これは昔モノがなかった時代の、私たちのおじいちゃんやおばあちゃんの暮らし方です。こんな暮らし、古いようで実は新しい生き方ではないでしょうか。こんなにモノがあふれる時代だからこそ、自分にふさわしいモノを吟味し、選んで、そばに置いておく。こうして選ばれたモノたちは、これからとても大切にされます。自分の好きなものを買い、最後まで使い切る。そんな自分の生き方が、日々の暮らしにつながっていくのです。

清々しい生活を望むのなら、モノの数を減らし、風通しをよくしないと、そのような生活にはなりません。暮らしは生き方です。玄関に一歩入ったら、その方の暮らしがわかる、できればそんな清々しいおうちにしたいものですね。

おわりに――持たない勇気を持つ

モノを持たないことは、ある種の勇気がいります。不便になることもあります。

しかしモノが少なくなれば、モノに振り回されることもなくなり、時間もたっぷり使えるようになります。

真の豊かさとは、大切なモノを大切に扱って生きていくことではないでしょうか。

沢山のモノがあると、何が大切で何が大切でないのかということがわからなくなってきます。このままうずもれていては大変。時間もお金も人生までもが無駄ばかりという、もったいないことになってしまいます。はやくそこから出られるように、コツコツとですが、カリキュラムを何回も継続してやってみてください。

この本を刊行するにあたって

古いものを生かしつつ新しいものを取り入れていく。老舗であっても、そのようなことが静かに目に見えぬほどに少しずつ起きているそうです。いつの時代もそうやって少しずつ変わってきました。

私たちの細胞だってそうですね。常に新しく生まれ変わり、それでいて私たちの本質は少しも変わらない。

この本も「そうでありたい」という思いで書かせていただきました。

あなたのよりよい暮らしへのヒントとしてお役立てくだされば光栄です。

【普及版】あした死んでもいい片づけ 基本！
抜くだけ30分！　すっきり幸せ簡単片づけ術

著者　ごんおばちゃま

2020年10月15日　初版第1刷発行

発行者　笹田大治
発行所　株式会社興陽館
東京都文京区西片1-17-8 KSビル
TEL：03-5840-7820
FAX：03-5840-7954
URL：https://www.koyokan.co.jp

装丁　mashroom design
カバー・本文イラスト　伊藤ハムスター
校正　新名哲明
編集補助　久木田理奈子＋渡邉かおり
編集人　本田道生

印刷　恵友印刷株式会社
DTP　有限会社天龍社
製本　ナショナル製本協同組合

ISBN978-4-87723-264-1 C0077

総アクセス数4200万超のブログの知恵を凝縮!

しない片づけ
これをしないだけで部屋も心もすっきり!

ごんおばちゃま

本体 1,200円+税
ISBN978-4-87723-252-8 C0077

しまいこまない！ 衝動的に買わない！ 特売日を待たない！
ごんおばちゃまが指南する“しない習慣”の片づけ集！

さあ、次は「暮らしかた」全般です!!

あした死んでもいい暮らしかた

ごんおばちゃま

本体 1,200円+税

ISBN978-4-87723-214-6 C0030

「身辺整理」してこれからの人生、身軽に生きる！ こうすれば暮らしがすっきりする「具体的な 89 の方法リスト」収録。

「いつ死んでもいい暮らし方」でスッキリ幸せ！

具体的な「身辺整理のやり方」がわかる!

あした死んでもいい身辺整理

ごんおばちゃま

本体 1,200円+税

ISBN978-4-87723-227-6 C0030

これまでを清算！
一気に身辺整理して毎日を気持ちよく暮らす具体的な方法を、
ごんおばちゃまが教えます。

興陽館の本

書名	著者	内容	価格
秒で見抜くスナップジャッジメント	メンタリストDaiGo	「外見」「会話」「持ちもの」を視れば、相手の頭の中がすべてわかる！ 人間関係、仕事、恋愛、人生が変わる！	1,400円
これからを生きるための無敵のお金の話	ひろゆき（西村博之）	「お金の不安」が消える！ 2ちゃんねる、ニコニコ動画他の西村博之がおくるお金とのつきあい方の極意。	1,300円
おしゃれの手引き115	中原淳一	おしゃれで美しく暮らす方法を指南する、昭和を代表するイラストレーター中原淳一のメッセージ集。	1,300円
退職金がでない人の老後のお金の話	横山光昭	貯金ゼロ、年金しょぼしょぼ、退職金なしでも大丈夫！ 絶望老後を迎える〝あなた〟の不安を解消します！	1,200円
魯山人の和食力	北大路魯山人	伝説の天才料理家が伝授する超かんたん、極上レシピ集！ 誰も知らない和食の秘密、美味しさの神髄とは？	1,000円
眼科医が選んだ目がよくなる写真30	本部千博	クイズ形式の写真を見て目力のトレーニング！ 簡単に、楽しく、「見る」力がつきます！	1,200円
孤独がきみを強くする	岡本太郎	孤独は寂しさじゃない。孤独こそ人間が強烈に生きるバネだ。たったひとりのきみに贈る岡本太郎の生き方。	1,000円
群れるな	寺山修司	「ふりむくな、ふりむくな、後ろに夢はない。」生を見つめる「言葉の錬金術師」寺山のベストメッセージ集！	1,000円
60（カンレキ）すぎたら本気で筋トレ！	船瀬俊介	筋肉力は、生命力だ！「筋肉」が強いヤツほど、若々しい。70歳で細マッチョが伝授する筋力トレーニング。	1,300円
【普及版】年をとってもちぢまないまがらない	船瀬俊介	「背ちぢみ」「腰まがり」「脊柱管狭窄症」も筋トレで治る！「骨力」は「筋力」！ 筋肉を鍛えろ！ 背筋を伸ばせ！	1,100円

表示価格はすべて本体価格（税別）です。本体価格は変更することがあります。